### 시끌벅적
# 사건으로 배우는 어린이 세계사 2

시끌벅적 사건으로 배우는 어린이 세계사 2

지은이 신현배
그린이 최희옥

처음 찍은 날 2020년 11월 2일
처음 펴낸 날 2020년 11월 10일

펴낸곳 이론과실천
펴낸이 최금옥
등록 제10-1291호
주소 (07207) 서울시 영등포구 양평로21가길 19 선유도우림라이온스밸리 B동 512호
전화 02-714-9800
팩시밀리 02-702-6655

ISBN 978-89-313-8182-5  74900
      978-89-313-8180-1 (세트)

- 이 책의 일부 또는 전부를 사용하려면 반드시 저작권자와 이론과실천 양측의 동의를 모두 얻어야 합니다.
- 이 도서의 국립중앙도서관 출판예정도서목록(CIP)은 서지정보유통지원시스템 홈페이지(http://seoji.nl.go.kr)와 국가자료공동목록시스템(http://www.nl.go.kr/kolisnet)에서 이용하실 수 있습니다.(CIP제어번호: CIP2020043557)

- 값 13,000원
- 잘못된 책은 바꾸어 드립니다.

꼬마이실은 이론과실천의 어린이책 브랜드입니다.

품명 도서  제조자명 도서출판 이론과실천  제조국명 대한민국  사용 연령 10세 이상  주소 (07207) 서울시 영등포구 양평로21가길 19 선유도우림라이온스밸리 B동 512호  전화 02-714-9800  제조년월 2020년 11월
KC 마크는 이 제품이 공통안전기준에 적합하였음을 의미합니다.

### 시끌벅적 사건으로 배우는 어린이 세계사

신현배 지음 | 최희옥 그림

**2** 근대부터 현대까지

### 머리말

**어린이 친구들, 안녕!**

이 책에서는 전 세계의 '역사' 이야기를 하려고 해. 세계사는 복잡하고 딱딱하고 어려운 것으로 여기기 쉽지. 사건이나 인물이 친숙하지 않고 낯설게만 느껴지니 말이야. 그럼 이 이야기는 어때?

영국에서는 법관들이 법정에 들어갈 때 희고 긴 가발을 써야만 한단다. 여성 법관도 마찬가지로 남성용 흰 가발을 써야만 해. 이렇게 가발을 쓰는 것은 법관의 높은 지위와 권위를 나타내기 위해서란다. 그런데 우리에게는 어색하게 보이기도 하는 이 가발을 쓰는 전통이 무려 400년이나 되었다고 해. 찰스 2세 때인 1660년 무렵 영국에서는 귀족 남자들 사이에 가발을 쓰는 것이 유행했대. 처음에는 머리가 빠져 대머리가 된 모습을 감추기 위해 사용하기 시작했지만 나중에는 말총으로 만든 비싸고 멋진 가발을 착용해 패션으로 유행한 거지. 그렇다 보니 비싼 가발을 훔쳐 가는 도둑도 많았다고 해. 한번 장만한 가발을 평생 쓰다 보니 이가 들끓고 냄새가 지독하기도 했고 말이지. 법관의 가발에 이렇게 재미있는 역사가 숨어 있다는 게 흥미롭지 않니?

  역사를 알면 지금 일어나는 일을 이해하기 쉬워진단다. 또 지금 일어나는 일은 미래에 일어날 일을 보여 주기도 해. 지금 우리가 겪는 모든 일은 미래의 역사가 될 수 있고, 옛날 일어난 모든 일은 우리가 배우는 역사에 포함되어 있는 거란다. 역사를 순서대로 차근차근 배워 가는 것은 조금 지루할 수 있지만, 역사 속 사건을 하나하나 들여다보면 다채로운 사람들의 삶을 볼 수 있어서 흥미롭기도 하단다.

  이 책에서는 그렇게 세계 역사를 소개하려고 해. 우리가 몰랐던 역사 속 이야기를 중심으로 말이야. 한 편 한 편 읽다 보면 어느새 역사라는 큰 흐름을 어렴풋이 느끼고 이해하게 될 거야. 어때, 재미있을 것 같지 않니? 그럼 이야기 속으로 풍덩 빠져 볼까?

# 차례

머리말 4

## 민주주의에 눈을 뜨고 산업이 발달한 근대

36 **미국 독립** 미국 독립의 상징, '자유의 종' 10
37 **프랑스 대혁명** 단두대의 이슬로 사라진 루이 16세 14
38 **인체 실험** 위장에 뚜껑 달린 남자를 통해 소화 기능을 연구하다 20
39 **해수욕** 해수욕을 하면 사람의 광견병이 낫는다? 24
40 **여성의 지위** '신사의 나라' 영국에서 남편이 부인을 팔았다고? 28
41 **선거** 투표는 총알보다 강하다? 32
42 **웃음 가스** 마취제로 쓰인 '웃음 가스', 아산화질소 36
43 **돌팔이 의사** 의술을 배운 적도 없는데 명의라고? 39
44 **마술** 마술 공연으로 알제리의 반란을 막다 42
45 **강희제** 중국 역사상 가장 위대한 황제, 강희제 47
46 **교육자 페스탈로치** 학생과 선생님이 마음껏 뛰어노는 학교 51

**47 기차** 미국 남북 전쟁에서 북군은 철도를 이용해 승리했다? 55

**48 화산 폭발** 세계사를 바꾼 인도네시아의 탐보라 화산 59

**49 작가 메리 셸리** 무시무시한 인조 괴물, 프랑켄슈타인의 탄생 63

**50 한센병** 스스로 한센병 환자가 된 다미앵 신부 68

**51 고무** 고무나무 씨앗을 빼돌린 '영국의 문익점', 헨리 위컴 72

**52 각기병** 닭을 관찰해 각기병 치료법을 찾아내다 77

**53 반려동물** 동물을 끔찍이 사랑한 부자들 81

**54 권투** 권투 세계 챔피언을 케이오시킨 부인 84

**55 소설가 마크 트웨인** 결혼 승낙을 얻기 위해 수십 번이나 청혼했다고? 88

**56 무용가 이사도라 던컨** 맨발의 이사도라, 자유로운 정신세계를 표현하다 92

**57 드레퓌스 사건** 반역죄를 뒤집어쓰고 악마의 섬에 갇힌 드레퓌스 97

**58 반유대주의** 드레퓌스를 희생양으로 만든 인종 차별 103

**59 장티푸스** 장티푸스 때문에 한 여인이 평생 갇혀 살았다? 108

## 갈등을 넘어 자유롭고 개성 있는 **현대**

**60 재난 사고** 바닷속으로 가라앉은 호화 여객선, 타이타닉호  112

**61 가짜 화석 사건** 자연사 박물관도 인정한 화석이 가짜였다?  116

**62 문신** 문신을 하지 않으면 조상신이 노한다?  120

**63 야구** 도둑맞은 야구 방망이를 되찾아 최고의 기록을 세우다  124

**64 동물원 학살극** 일제 말기에 동물원에 학살 명령이 내려졌다?  128

**65 뉘른베르크 전범 재판** 나치 전범들은 대부분 무죄를 주장했다?  133

**66 인권 운동가 마틴 루터 킹** 흑인 좌석 차별에 맞서 버스 안 타기 운동을 벌이다  138

**67 아프리카 대륙** 유럽 열강이 제멋대로 국경선을 그은 아프리카  142

**68 작가 레이첼 카슨** 전 세계에 무분별한 살충제 사용의 위험을 알리다  147

**69 테러** 전 세계를 공포로 몰아넣은 9·11 테러 사건  152

 시끌벅적 사건으로 배우는 어린이 세계사 2

민주주의에 눈을 뜨고 산업이 발달한
# 근대

영국과 프랑스를 중심으로 시민 세력이 등장했고
이들이 중심이 되어 시민 혁명을 일으켰어.
절대 왕정이 무너지고
민주주의와 함께 자유롭고 평등한 시민 사회가 발달했지.
이때 싹튼 민족주의로 인해 전쟁이 일어나기도 했어.
또한 산업혁명으로 기계가 발명되고 공장이 세워지고
교통수단이 발전하면서 농업과 수공업 중심 사회가
공업 중심 사회로 바뀌었단다.

## 미국 독립
## 미국 독립의 상징, '자유의 종'

영국의 식민지였던 미국은 1775년부터 1783년까지 독립 전쟁을 벌였다.
1776년 필라델피아에서 독립 선언을 발표했지만 전쟁이 끝난 1783년에야 독립을 인정받았다.

　미국 펜실베이니아주의 필라델피아는 미국에서 '자유와 독립의 천국'이라 불리고 있어. 이곳에서 1776년 7월 식민지 미국 13개 주의 대표들이 영국 왕실의 폭정에 항거하여 미국의 독립을 선포했거든. 이들은 영국을 상대로 독립 전쟁을 벌였는데, 조지 워싱턴을 총사령관으로 하여 승리를 거두었어. 그리고 1787년 연방 헌법을 통과시켜 마침내 자유와 독립의 연방제 국가를 출범시켰지.

　필라델피아는 1643년 스웨덴 사람들이 처음 땅을 차지했다가, 1655년 네덜란드가 빼앗았어. 그로부터 9년 뒤에는 영국이 자신들의 식민지로 삼았지. 그런데 영국의 국왕 찰스 2세는 펜 제독에게 많은 빚을 지고 있었어. 펜 제독이 빚을 못 받고 세상을 뜨자, 그의 아들 윌리엄 펜은 찰스 2세로부터 필라델피아 일대의 땅을 빚 대신 넘겨받는단다. 그리하여 그는 1682년

퀘이커침묵의 예배를 하는 기독교의 한 교파 교도로서 이 땅을 개척하여 '필라델피아'라 이름 붙이고, 대도시를 건설하게 되지.

세월이 흘러 필라델피아는 미국 독립의 중심지가 되었어. 이곳에서 미국 독립의 물꼬를 튼 제1차 대륙 회의(1774년), 제2차 대륙 회의(1775년)가 열렸고, 정식으로 독립 국가가 된 뒤에는 1790년부터 1800년까지 미국의 수도로서 발전을 거듭했지.

필라델피아에는 이러한 미국의 자유와 독립의 역사를 간직한 독립 기념관이 있어. 이 건물은 본래 1732년 펜실베이니아주 필라델피아의 식민지 의회 의사당으로 지어졌대. 그런데 이 건물 회의실에서 미국 독립을 위한 제2차 대륙 회의가 진행되고 독립을 선포하여, 미국 역사상 가장 가치 있는 건축물이 되었지. 이곳에는 독립을 선포할 때 조지 워싱턴이 앉았던 의자, 13개 주의 대표들이 함께 회의했던 긴 책상, 그들이 사용했던 종이와 펜, 촛대 등을 전시했어. 당시의 상황을 그대로 재현해 놓은 거야.

독립 기념관 맞은편에는 미국 독립의 상징물인 '자유의 종'이 전시되어 있어. 이 종은 1776년 7월 4일 독립을 선포하고, 나흘 뒤인 7월 8일 시민들에게 독립 선언을 알리기 위해 처음으로 울렸다고 해. 이 종소리는 필라델피아 곳곳에 울려 퍼졌지. 그리하여 이 종은 전 세계적으로 널리 알려진 자유의 상징이자, 세계에서 가장 유명한 종이 되었단다.

이 종이 처음 만들어진 것은 독립 전쟁이 일어나기 한참 전인 1751년이야. 그해에 필라델피아의 식민지 의회 의사당에서는 식민지 개척 50주년을 기념하여 건물에 설치할 종을 주문했어. 영국 런던의 화이트채플 주조

소에서 종을 만들어 1752년 8월에 필라델피아까지 보내 주었지. 하지만 어찌된 일인지 이 종은 시험 타종을 하자마자 깨져 버렸단다. 그 뒤 두 차례 더 종을 만드는 우여곡절 끝에 1753년 6월에야 종이 의회 의사당 종탑에 내걸렸어. 이 종은 높이 0.9미터, 무게 943킬로그램으로, 종에는 "그 땅에 있는 모든 주민을 위하여 자유를 공포하라."는 성경 문구가 새겨져 있어.

이처럼 식민지 개척을 기념하여 만들어진 종이 식민지 대륙의 독립 선언을 위해 사용되었다는 것이 믿어지지 않지? 하지만 이것은 널리 알려진 사실이야.

그 뒤 이 종은 1777년 영국 군대가 필라델피아로 쳐들어왔을 때 펜실베이니아주 앨런타운에 있는 어느 교회에 숨겨졌어. 그러다가 의회 의사당 건물로 다시 옮겨졌지.

이 종은 세월이 흐르면서 여러 차례 금이 갔어. 1835년 존 마셜 대법원장의 장례식 때 종을 울리다가 깨졌으며, 1846년 조지 워싱턴의 탄생 기념식에서 종을 울리다가 더 이상 수리가 어려울 정도로 파손되었단다. 그리하여 1852년에는 종탑에서 완전히 철거되었지.

이 종은 1839년 이전에는 종이 걸려 있는 곳의 이름을 따서 '의회 의사당 종'이라 불렸어. 그런데 1839년 노예 제도 폐지론자들이 『자유』라는 잡지에서 이름을 따 이 종을 '자유의 종'이라 부르면서 이 이름이 널리 알려지게 되었단다.

## 미국을 상징하는 '자유의 여신상'

　자유의 여신상은 미국 뉴욕항으로 들어오는 허드슨강 입구의 리버티 섬에 있는 거대한 동상이야. 왼손에는 '1776년 7월 4일'이라고 적힌 독립 선언서를 들고 있고, 오른손에는 횃불을 들고 있어. 이 여신상의 정식 이름은 '세계를 비추는 자유'인데, 흔히 '자유의 여신상'으로 부르지.
　여신상은 구리로 만들어졌는데, 높이가 약 46미터이고 무게가 무려 225톤이야. 머리에 쓴 왕관의 뿔 일곱 개는 7개 대륙을 상징하고, 오른손에 든 횃불은 '세계를 비추는 자유의 빛'을 뜻한다고 해.
　자유의 여신상은 1886년 미국 독립 100주년을 기념하여 프랑스가 미국에게 선물한 것이야. 이 여신상은 미국의 관문인 뉴욕에 세워졌고, '자유의 나라' 미국을 상징하는 기념물이 되었지.

## 프랑스 대혁명
# 단두대의 이슬로 사라진 루이 16세

프랑스 대혁명으로 왕과 귀족이 권력을 잡고 정치를 하는 왕정 시대가 끝나고
시민이 의견을 모아 정치를 하는 공화정 시대가 열렸다.

　루이 16세는 루이 15세의 손자이며 왕세자 루이의 셋째 아들이었어. 1770년 오스트리아의 공주 마리 앙투아네트와 결혼했고, 1774년 루이 15세가 세상을 떠나자 왕위에 올랐지. 루이 16세는 재정 위기를 극복하려고 튀르고, 네케르 등을 차례로 재무총감으로 임명했어. 이들은 국정 개혁에 나섰지만 귀족과 성직자 등 특권층의 반대로 실패하고 말았지.
　1789년 루이 16세는 네케르의 뜻을 받아들여 삼부회를 소집했어. 재정을 회복하려면 세금을 더 걷어야 하는데, 신분제 의회인 삼부회에서 이 문제를 결정하기 위해서였어. 삼부회는 귀족, 고위 성직자, 제3계급인 평민 대표로 구성되었는데, 이때 평민들은 삼부회에 참여하지 않고 '국민의회'를 만들었어. 귀족들은 루이 16세에게 압력을 넣어 평민 계급이 만든 국민의회의 활동을 방해하게 했지. 그러자 그해 7월 14일, 파리 시민들이 폭동을 일으켰고 신분제 체제의 상징인 바스티유 감옥을 습격하면서 프랑스 대혁명이 일어났어. 대혁명으로 인해 루이 16세는 베르사유 궁전을 떠나 튈르리 궁전에 갇혀 지내는 신세가 되었어.

왕비 앙투아네트는 루이 16세에게 오스트리아로 달아나자고 부추겼어. 오스트리아의 왕 레오폴트 2세는 앙투아네트의 오빠였거든. 오스트리아로 가서 군대를 내어 달라고 해서 파리를 되찾자는 것이었어. 1791년 6월 21일 새벽, 루이 16세는 가족과 함께 튈르리 궁전 뒷문을 몰래 빠져나왔어. 뒷문에는 네 마리 말이 끄는 마차가 대기해 있었지.

파리를 무사히 벗어난 루이 16세 일가는 국경 근처인 바렌 지방에 약속한 시간보다 4시간이나 늦게 도착했어. 마차에 너무 많은 짐을 실어 제 속도를 내지 못해서였어. 바렌에서는 부이에 후작의 부하 40명이 기다리고 있다가 국왕 일행이 도착하면 오스트리아로 데려다줄 계획이었지. 하지만 약속 장소에 도착했을 때는 후작의 부하들이 이미 철수한 뒤였어. 아무리 기다려도 국왕 일행이 나타나지 않자, 탈출에 실패한 줄 알았던 거야. 안내자를 잃은 국왕 일행은 바렌 지방에서 우왕좌왕하다가 국민의회에서 보낸 추격대에 붙잡히고 말았단다.

국왕 일행이 파리로 돌아오자, 시민들의 시선은 차가웠어. 시민들은 왕에 대한 배신감과 분노에 몸을 떨었지.

"국왕은 반역자야. 외국 군대를 끌어들이려고 탈출을 시도했어."

"반역자는 사형을 시켜야지."

한편에서는 이런 주장도 있었어.

"왕정을 없애고 공화정을 수립해야 한다. 우리 프랑스에는 국왕 따위는 필요 없다. 국민이 주인이 되는 나라를 세워야 한다."

공화제를 지지하는 사람들은 7월 17일 마르스 광장에서 시위를 벌였어.

"국왕은 물러나라! 우리나라에서는 공화정을 해야 한다."

그 뒤 국민의회는 공화제를 지지하는 자코뱅파와 입헌 군주제를 지지하는 푀양파로 나뉘었어. 하지만 아직까지는 입헌 군주제를 지지하는 사람들이 많아, 9월 3일 드디어 입헌 군주제가 새 헌법으로 채택되고 공포되었단다. 루이 16세는 국왕의 자리는 간신히 지켰지만 아무 권력도 갖지 못

프랑스인들이여, 나는 죄가 없지만 내 피로 인해 행복하기를 바란다.

루이 16세

했어. 그야말로 '허수아비 왕'이었지.

　그 무렵 로베스피에르·당통 등 국민의회 안의 급진파는 무서운 음모를 꾸몄어. 혁명에 반대하는 루이 16세를 죽이고 공화제 국가를 세우겠다는 것이었어. 이들은 1792년 8월 10일 튈르리 궁전을 습격하여 왕실 친위대 병사들을 닥치는 대로 죽였어. 사살된 병사만 해도 600여 명이었지. 루이 16세는 재빨리 궁전을 빠져나와 가족과 함께 근처에 있는 국민의회 건물로 피신했단다. 그러나 운명의 여신은 그의 편이 되지 못했어. 급진파는 입법 의회를 해산하고 '국민공회'를 만들었지. 그러고는 9월 21일 왕정을 폐지하여 루이 16세를 퇴위시키고 공화정을 선포했어. 이것이 바로 프랑스 제1공화정이야.

루이 16세는 음산한 탕플 탑에 갇혔어. 이제 그의 운명은 바람 앞의 촛불이었지. 이때 로베스피에르 등 국민공회 의원들 사이에서 가장 먼저 제기된 것이 루이 16세의 처리 문제였어. 로베스피에르는 망설이지 않고 이렇게 말했어.

"왕은 국민을 배신하고 외국 군대를 끌어들여 전쟁을 준비했습니다. 단두대로 보내 칼날을 받게 해야 합니다."

로베스피에르의 이런 주장에 다른 의원들이 나섰어.

"왕을 어떻게 재판도 받지 않게 하고 단두대의 이슬로 사라지게 합니까?"

"왕이 반역죄를 저질렀다면 그 증거를 찾아 재판을 받게 해야지요. 재판도 없이 왕을 처형한다면 국민들이나 다른 나라에서 우리를 어떻게 생각하겠습니까?"

많은 의원들이 재판을 고집하여 결국 루이 16세는 그해 12월에 반역죄로 재판을 받게 되었어. 국민공회에 재판을 위한 위원회가 구성되어 특별 법정이 마련되었지. 루이 16세는 이 재판에서 사형 판결을 받아 단두대의 이슬로 사라졌단다.

## 루이 16세는 어떻게 사형 판결을 받았을까?

　　루이 16세는 1792년 12월 반역죄로 재판을 받게 되자, 법정에서 자신을 변호할 변호사를 세우게 해 달라고 요구했어. 그래서 말제르브, 트롱셰, 드세즈 등 세 사람의 유명한 변호사가 왕을 변호하게 되었지.
　왕은 불가침권을 갖고 있어서 왕을 재판하는 것은 위헌이었어. 왕이 반역죄를 저지르거나 정당한 이유 없이 나라 밖으로 나갔을 때 왕위에서 물러날 수 있다고 되어 있을 뿐이었어. 따라서 루이 16세는 헌법의 이 조항을 앞세운다면 자신이 재판에서 이길 수 있다고 여겼어.
　그러나 로베스피에르를 비롯한 급진파 의원들은 루이 16세에게 유죄 판결을 내려 사형을 시켜야겠다는 생각뿐이었어. 그래서 특별 법정에 빨리 판결을 내리라고 재촉했고, 세 가지 문제에 대해 투표를 하도록 했어. 첫 번째는 '왕은 반역 혐의가 있는가?', 두 번째는 '백성들은 이 판결을 옳다고 인정할까?', 세 번째는 '그렇다면 왕은 사형을 받아야 할까?'였지. 의원들은 이 문제들에 대해 투표를 했는데, 첫 번째는 대부분 긍정했고 두 번째는 대부분 부정했어. 그런데 세 번째는 721명의 의원 가운데 361명이 루이 16세의 사형에 찬성표를 던져 불과 한 표 차이로 처형이 결정된 거야. 루이 16세는 1793년 1월 20일 사형 판결을 받았고, 다음 날 단두대로 끌려갔단다.

## 인체 실험
# 위장에 뚜껑 달린 남자를 통해 소화 기능을 연구하다

인체 실험은 살아 있는 사람을 대상으로 실험을 하는 것을 말하며
생체 실험이라고도 한다. 대개 사람에게 고통을 주는 비윤리적인 경우가 많다.

미국 미시간주의 큰 호수인 미시간호와 휴런호가 수로로 만나는 곳에는 매키낵 마을이 있었어. 이 마을에는 아메리카 모피 회사의 교역소가 있어 늘 사람들로 붐볐어. 짐승을 사냥하여 그 가죽을 팔려는 사냥꾼이나 호수를 구경하러 온 관광객들이 쉴 새 없이 드나들었거든.

그런데 1822년 6월 6일 이 교역소에서 참혹한 사고가 발생했어. 한 사냥꾼이 실수로 엽총을 쏘아, 옆자리에 앉은 19세 소년의 왼쪽 몸통을 맞힌 거야. 그 거리가 일 미터밖에 되지 않아서 상처는 꽤나 깊었어. 갈비뼈가 부러졌고, 위장에 구멍이 뚫렸지. 어른 손바닥만 한 큰 구멍이었어.

근처에 병원이 없어서 가까이 있는 미국 국경 경비대에 연락해 군의관이 달려왔지. 군의관 윌리엄 보몬트는 응급조치를 해 간신히 소년의 목숨을 구할 수 있었단다.

소년은 프랑스 출신으로 캐나다에서 온 알렉시 생마르탱이었어. 중상을 입었기 때문에 곧장 캐나다로 보낼 수 없었어. 국경 경비대에서 보몬트가 생마르탱을 치료하고 돌봐 주기로 했지.

일 년쯤 지나자 생마르탱은 보몬트의 정성스런 치료 덕에 건강을 되찾았어. 하지만 왼쪽 몸통의 상처는 아물지 않고 위장까지 구멍이 뚫려 있었지. 이 구멍으로 위 속에 있는 음식이 나오는 경우도 있었어. 그러나 얼마쯤 지나자 위의 안쪽에 막이 자라나 뚜껑처럼 열고 닫을 수 있게 되었단다.

보몬트는 생마르탱의 위 속을 들여다보며 문득 이런 생각을 했어.

'생마르탱의 위 안에서 일어나는 활동을 관찰할 수 있으니, 사람의 소화 기능에 대한 연구를 시작하자.'

보몬트는 날마다 생마르탱의 위 속을 들여다보며 실험과 연구를 시작했어. 그가 제일 먼저 한 실험은 위 속에 들어온 음식물을 소화시키는 데 시간이 얼마나 걸리느냐는 것이었어. 그래서 양념해서 요리한 소고기 조각, 소금 뿌린 돼지고기 조각, 딱딱한 빵 조각, 채를 썬 양배추 등을 각각 명주실에 매달아 위 속에 집어넣었지. 이때가 낮 12시였어.

오후 1시에 음식물들을 꺼내 살펴보니 빵 조각과 양배추는 반쯤 소화되어 있었어. 그러나 소고기 조각과 돼지고기 조각은 그대로 있었지. 보몬트는 음식물들을 다시 위 속에 집어넣은 뒤 한 시간 뒤에 꺼내 보았어. 그러자 빵 조각과 양배추는 물론 소고기 조각과 돼지고기 조각까지 말끔히 소화되어 실에서 떨어져 나간 거야.

또한 보몬트는 실험을 통해 위 속에 소화시킬 음식물이 있을 때 위액이 분비되며, 음식물이 없을 때는 위액이 분비되지 않는다는 것을 알았어. 그리고 위액을 위에서 채취해 음식물이 담긴 실험관에 넣음으로써, 위액은 위 속뿐 아니라 위 밖에서도 음식물을 분해한다는 것을 알았지.

그가 실험을 통해 또 확인한 사실은, 여러 음식물 중에 채소가 가장 소화가 잘 되고, 우유는 소화가 시작되기도 전에 응고된다는 것이었어.

보몬트는 1833년까지 거의 10년 동안 생마르탱을 통해 238번의 인체 실험을 했어. 그리고 그 연구 결과를 정리해 『위액과 소화 기능에 관한 실험과 관찰』이라는 책을 펴냈지.

그러나 오랜 세월 실험 대상이 되어야 했던 생마르탱의 고충은 여간 크지 않았어. 그래서 여러 번 보몬트를 피해 달아났는데, 그때마다 보몬트는 생마르탱을 설득해 데려오곤 했지. 생마르탱이 자꾸 도망치자, 보몬트는 꾀를 써서 그를 미군에 입대시켰어. 군인 신분이니 도망치면 군법에 의해 탈영죄로 처벌받게 되거든. 그러나 그 뒤에도 생마르탱은 견디다 못해 달아나곤 해서 이들의 숨바꼭질은 계속되었지.

생마르탱은 위장에 뚜껑 달린 남자로 10년 동안 심한 고생을 했지만 평생 건강하게 살다가 캐나다에서 83세에 세상을 떠났다는구나.

## 일본군 731부대의 끔찍한 생체 실험

1949년 12월, 소련(지금의 러시아) 하바롭스크 군사 재판소에서는 일본군 731부대 가와지마 소장을 붙잡아 심문했어. 이때 놀라운 사실이 밝혀졌어. 일본군 731부대는 제2차 세계 대전 때 많은 사람들을 죽일 강력한 세균 무기를 개발하기 위해 '마루타'라고 부르는 희생자들을 감옥에 가둬 놓고 잔혹한 생체 실험을 했다는 거야.

생체 실험 대상은 만주에 사는 중국인이나 조선인, 몽고인, 소련인 등이었어. 1933년 만들어진 731부대는 늘 실험 대상 200~300명씩을 두고 갖가지 생체 실험을 했다고 해. 멀쩡한 사람의 몸에 콜레라, 페스트 등의 전염병균을 넣어 관찰하는가 하면, 물만 마시게 하고 두 달 이상을 견디게 하거나, 독가스를 뿌려 어떻게 죽는가에 대한 실험도 했어. 이처럼 731부대에서는 콜레라균, 페스트균, 탄저균, 결핵균 등 20여 개의 세균 무기를 개발한다는 명목으로 온갖 만행을 저질렀단다.

### 해수욕

## 해수욕을 하면 사람의 광견병이 낫는다?

해수욕은 바닷물에서 헤엄치거나 노는 것을 말한다. 하지만 원래는 환자들의 병을 낫게 하거나 건강을 위해 바닷물에 몸을 담그는 일을 가리켰다.

해수욕은 바다에서 즐겁게 헤엄치거나 노는 것을 떠올리지만, 18세기 중반에는 일광욕·공기욕·냉수욕을 한꺼번에 할 수 있다고 해서 의료 효과가 큰 원시적인 자연 요법으로 각광을 받았단다.

프랑스의 디에프 해안은 해수욕장으로 아주 유명했어. 이곳이 세상 사람들에게 널리 알려진 것은 저명인사인 베리 공작부인 덕분이었어. 1822년 여름, 베리

공작부인은 디에프 시장을 비롯하여 많은 시민들이 지켜보는 가운데 과감하게 물속으로 뛰어들었지.

　이때 그녀는 따가운 햇볕을 피하려고 모자를 쓰고, 게에게 물리지 않으려고 부츠를 신었어. 그리고 양털 원피스를 입고 있었지. 주치의<sub>어떤 사람의 병을 맡아서 치료하는 의사</sub>를 뒤따르게 하고, 두 수영 강사의 부축을 받으며 베리 공작부인이 물속으로 들어가 헤엄을 치기 시작하자 곧바로 축포가 터졌단다.

　이런 공개 행사로 디에프 해안은 이름난 곳이 되었어. 베리 공작부인을 본떠 해수욕을 하려고 많은 사람들이 몰려들었지.

특히 1826년에는 바닷물에 몸을 담그면 사람의 광견병이 낫는다는 소문까지 돌았어. 개에게 물려 감염되는 광견병은 '공수병'이라고도 하는데, 이 병에 걸린 사람은 '물을 두려워한다'고 해서 이런 이름이 붙었어. 증상이 심해지면 물을 보기만 해도 경련을 일으키고 닷새 안에 거의 목숨을 잃게 되지.

그런데 이 무서운 광견병이 해수욕으로 말끔히 낫는다고 하니 사람들이 놀라는 것도 무리가 아니었지. 그 뒤로는 동물에 물린 사람들은 앞다퉈 디에프 해안으로 달려왔단다.

그 후 디에프 해안은 죽을병에 걸린 사람도 살리는 바다로 알려졌어. 영국의 어떤 신문에서는 "죽으려고 바다에 간 사람들이 오히려 건강을 되찾아 살아서 돌아온다."고 디에프 해안을 소개하기도 했지.

해수욕은 이제 모든 병을 고치는 만병통치약이라고까지 불릴 정도였어. 특히 잘 낫지 않고 오래 끄는 만성병이나 아기를 갖지 못하는 불임증에도 탁월한 효과가 있다고 했지. 해수욕에 대한 과대평가로 해수욕장은 환자들로 들끓었어. 병원보다 오히려 해수욕장에 환자가 더 많을 정도였단다.

그런데 1848년에 파리와 디에프 해안을 연결하는 철도가 개통되면서, 해수욕장에는 환자들뿐 아니라 가족 단위의 피서객이 몰려들기 시작했어. 그러자 해수욕장에는 오락장, 극장, 무도회장 등 각종 오락 시설이 들어섰지. 해수욕장은 점점 건강 회복을 위해 머무르는 곳이 아니라 휴식과 여행, 피서 등을 위해 찾는 곳으로 바뀌어 갔단다.

## 수영복은 언제부터 입었을까?

 수영복이 세상에 첫선을 보인 것은 사람들이 바다에서 휴가를 보내게 된 19세기 중반이었어. 그 전에는 남자들은 알몸, 여자들은 속옷을 입은 채 물속으로 들어갔지. 이때는 수영을 하지 않고 병 치료를 위한 해수욕을 했기 때문에 수영복이 필요하지 않았어.

처음 나온 수영복은, 여성용은 길이가 길고 몸을 거의 대부분 가리는 것이었어. 목까지 올라오는 치마로 된 드레스를 입고, 그 밑에는 반바지에 검은 스타킹까지 신었지. 물에 젖으면 수영복은 사람 체중만큼 무거워져서, 수영을 하다가 물에 빠져 죽는 경우도 종종 있었어. 남성용은 셔츠와 바지가 연결된 일체형으로 발목이나 무릎까지 내려왔어. 그러다가 20세기에는 윗부분 없이 짧은 바지만 입게 되었지. 여성용 수영복도 제1차 세계 대전 이후 몸에 달라붙는 원피스 수영복이 등장했고, 1947년에는 브래지어와 팬티로 구성된 비키니 수영복이 크게 유행했단다.

## 여성의 지위
# '신사의 나라' 영국에서 남편이 부인을 팔았다고?

19세기까지만 해도 대부분의 여성은 가부장제와 가정 폭력, 성차별 등 가정과 사회에서 불공평한 대우를 받았다. 이로부터 여성의 권리를 주장하는 여성 운동이 시작되었다.

1823년 5월 어느 날, 영국 브리스틀 지방의 세인트 토마스 시장에 존 내시라는 남자가 나타났지. 그는 소, 돼지 등 가축 파는 일을 하고 있었어. 그런데 이날은 시장에 가축을 끌고 오지 않았어. 가축 대신 자신의 아내를 목에 고삐를 묶은 채 데려온 거야.

존 내시는 사람들로 붐비는 시장 한가운데로 나아가 큰 소리로 외쳤어.

"여러분, 안녕하십니까? 오늘은 제가 제 마누라를 팔려고 이 자리에 나왔습니다. 여러분이 보시다시피 제 마누라는 얼굴도 예쁘고 살림도 잘합니다. 제 마누라를 사 가시는 분은 절대로 후회하지 않을 겁니다. 지금부터 경매를 시작하겠습니다. 가장 높은 값을 부르신 분에게 제 마누라를 넘겨 드리겠습니다."

존 내시와 그의 아내 앞에는 많은 구경꾼들이 모여들었어. 그리고 경매가 시작되었는데, 어찌된 일인지 존 내시의 아내를 사겠다고 선뜻 가격을 부르는 사람이 없었어.

존 내시는 난처한 표정을 짓더니 다시 소리쳤어.

"제 마누라는 몸도 튼튼하고 감기 한번 걸리지 않았습니다. 힘도 좋아 소도 잘 몰고 농사일도 잘합니다."

존 내시의 아내는 남편한테 맞았는지 얼굴에 시퍼런 멍이 들어 있었어. 구경꾼 가운데 한 청년이 그녀를 보고 가엾다는 생각이 들었어. 그래서 손을 번쩍 들어 소리쳤지.

"6페니요!"

"아, 예. 6페니를 부르셨습니다. 다른 분 안 계십니까? 더 높은 값을 부르는 분이 없으면 제 마누라는 저분한테 넘기겠습니다."

존 내시가 이렇게 말했지만 더 이상 나서는 사람이 없었어. 그래서 존 내시의 아내는 청년에게 6페니에 팔렸지. 그런데 청년은 존 내시의 아내를 산 것을 금방 후회했어.

'난 아직 총각이야. 남의 부인을 데려다가 내 아내로 삼을 수야 없지. 내가 얄팍한 동정심에 사로잡혀 쓸데없는 짓을 했구나.'

청년은 그 자리에서 존 내시의 아내를 또 경매에 부쳤어. 마침 9페니에 사겠다는 남자가 있어서 존 내시의 아내는 그 남자에게 넘겨졌지. 그러나 존 내시의 아내는 그 남자가 마음에 들지 않았어. 그래서 그녀는 얼른 달아나 버렸지.

이 이야기는 1823년 5월 29일 브리스틀의 한 신문에 소개된 내용이란다. 여기서 알 수 있듯이, 당시 영국에서는 남편이 아내를 가축처럼 시장에 내다 파는 풍습이 있었어. 이것은 이미 8세기쯤부터 시작되어 19세기까지 천 년이 넘게 이어 내려온 못된 풍습이었지.

이런 풍습이 생겨난 것은 아내는 남편의 소유물이라는 관념이 널리 퍼져 있었기 때문이야. 19세기까지만 하더라도 여성은 남성과 같은 권리를 가진 존재가 아니라, 노예처럼 사고팔 수 있는 재산 정도로 생각했거든.

또한 당시에는 한번 결혼하면 이혼이 쉽지 않았단다. 영국의 국교는 기독교와 비슷한 잉글랜드 성공회인데, 이 종교는 결혼을 신성하게 여겨 이혼을 금지했으니까. 그래서 이혼을 원하는 가정에서 부부가 헤어지기 위해 생각해 낸 방법이 '마누라 팔기'란다. 특히 남편에게 매를 맞는 등 학대받는 아내들은 이 풍습에 동의할 수밖에 없었지. 남편의 학대에서 벗어나는 유일한 길이었으니 말이야.

'신사의 나라'로 알려진 영국에 이런 풍습이 있었다는 게 놀랍지? 19세기 후반인 1891년 영국에 자기 아내를 감금하는 것을 금지하는 법이 생기면서 '마누라 팔기'는 사라지게 되었단다.

### 남편이 아내를 때리는 것은 당연하다?

 르네상스 시대에 유럽에는 이런 격언이 있었단다. "좋든 나쁘든 말은 박차를 가해야 하고, 마누라는 매를 들어 다스려야 한다." 이 말은 당시 유럽에서 남편이 아내를 때리는 것을 당연하게 여겼음을 말해 주는 거란다.

유럽의 모든 나라나 교회에서는 남편에게 아내의 행동에 대한 책임이 있으며, 아내를 다스리고 가르칠 권한이 있다고 보았지. 그래서 남편은 아내를 다스리기 위해 적절한 벌을 내릴 수 있으며, 매질도 할 수 있다고 인정한 거야.

남편의 아내에 대한 매질은 유럽에 종교 개혁이 일어나면서 범죄로 인정하게 되었어. 하지만 아내를 시장에 내다 파는 영국 등 유럽의 대부분 지역에서는 19세기까지 이런 못된 관습이 사라지지 않았지. 이처럼 여성이 남성에게 불평등하고 부당한 대우를 받는 것에서 여성 운동이 싹텄고 20세기에는 본격적으로 남성과 동등한 여성의 권리를 찾기 시작했단다.

## 선거
### 투표는 총알보다 강하다?

선거는 투표를 통해 모임이나 단체를 위해 일을 맡아 할 사람을 뽑는 것을 말한다.
오늘날 대부분의 국가는 선거를 통해 국가를 대표하는 대통령이나 국회의원을 뽑는다.

링컨이 처음 선거에 출마한 것은 1832년 3월이었어. 일리노이주 의회 의원 선거였지. 링컨은 이때 잡화점 점원을 그만둔 뒤였는데, 장사를 하는 동안 친해진 마을 사람들이 출마를 권유했던 거야.

"자네는 정직할 뿐 아니라 머리도 좋고 아는 것도 많잖아. 자네 같은 사람이 정치를 해야 우리 지역이 잘사는 동네가 될 거야."

링컨은 그 권유를 받아들여 선거에 출마했는데, 선거 운동을 열심히 했지만 낙선<sup>선거에서 떨어짐</sup>하고 말았어.

그 뒤 링컨은 뉴살렘 지역에서 우체국장을 하는가 하면 측량 기사로 일하기도 했어. 그는 언제나 마을 사람들 편에서 정직하고 성실하게 일했기 때문에 모두들 그를 좋아했지.

1834년 봄, 또다시 주 의회 의원 선거가 열렸어. 링컨은 마을 사람들의 권유로 다시 출마해 여기저기 돌아다니며 선거 운동을 했지.

하루는 들판에서 일하는 농부들을 만났어.

"여러분, 안녕하십니까? 이번 선거에 출마한 에이브러햄 링컨입니다."

링컨이 연설을 시작하자, 한 농부가 소리쳤어.

"듣기 싫으니 그만둬요. 당신네들은 늘 입으로만 떠들었지, 우리를 위해 해 준 일이 뭐가 있소?"

"맞아. 주 의원에 당선되고 나면 코빼기도 내밀지 않던데, 뭐."

농부들은 링컨에게 연설을 그만두고 돌아가라고 요구했어. 그러나 링컨은 그 말을 듣지 않았어. 갑자기 양복 윗옷을 벗더니 농부들 사이로 들어가 밀을 베기 시작했어.

농부들은 링컨의 솜씨를 보고 깜짝 놀랐어. 누구보다 빨리 많은 밀을 베었기 때문이야.

"저도 농부의 아들입니다. 아버지께 농사일을 배우며 자랐습니다."

링컨의 말에 농부들은 고개를 끄덕였어.

선거일에 농부들은 링컨에게 표를 던졌고, 마침내 주 의원에 당선될 수 있었단다. 그 뒤 링컨은 1841년까지 일리노이주 의회 의원으로 활동했으며, 1846년에는 미국 연방 의회 하원 의원에 선출되었고 1860년에 대통령에 당선되었어.

민주주의를 신봉한 링컨은 선거에 대해 이야기하며 이런 말을 남겼지.

"투표는 총알보다 강하다."

민주주의는 주권이 국민에게 있고, 국민을 위해 정치를 하는 제도야. 그

리고 정부는 국민의 자유로운 투표에 의해 세워지지. 총칼로 정권을 빼앗을 수는 있지만 그 정권은 오래가지 못해. 국민의 투표로 세워진 정부가 아니기 때문이야. 우리나라 역사에서도 그런 일이 종종 있었지.

영어로 투표용지는 '밸러트(ballot)'이고, 총알은 '불레트(bullet)'야. 재미있게도 두 단어는 발음과 철자가 비슷해. 그러나 민주주의 국가에서는 주권이 국민에게 있기 때문에 투표가 총알보다 강하단다.

## 국민의, 국민에 의한, 국민을 위한 정치

미국에서 노예 제도를 지지하는 남부와 반대하는 북부가 벌인 남북 전쟁이 끝난 뒤, 링컨은 전쟁에서 숨진 군인들을 위한 국립묘지 제막식에서 연설을 하게 되었어.

"여기서 싸운 사람들의 죽음이 헛되지 않게, 살아남은 우리는 굳게 다짐해야 합니다. 이 나라를 하느님의 보호 아래 자유와 평등의 나라로 만들어, 국민의, 국민에 의한, 국민을 위한 정치가 이 땅에서 영원히 사라지지 않도록 온 힘을 쏟겠다는 것을."

200여 개의 단어로 된 이 짧은 연설은 세계 역사상 가장 유명한 연설로 남았어. 특히 이 연설 속에 나오는 말인 '국민의, 국민에 의한, 국민을 위한 정치'는 오늘날까지 널리 인용되고 있어. 노예를 해방시키고 남북으로 갈라진 미국을 하나로 통일한 링컨의, 민주주의 정치의 이상과 신념이 잘 드러난 명언으로 평가되고 있어.

그런데 이 말은 링컨이 처음 사용한 말이 아니야. 파커라는 설교가가 당시에 이 말을 썼고, 1384년 영국의 종교 개혁가 위클리프가 펴낸 영어판 「구약성서」 서문에 이 말이 나온단다.

# 웃음 가스
## 마취제로 쓰인 '웃음 가스', 아산화질소

웃음 가스라고 불리는 아산화질소는 무색투명한 기체이다.
들이마시면 고통을 느끼지 못하고 기분이 좋아지며 웃음이 나오기도 한다.

중세 이전만 하더라도 유럽의 수도원에서는 수도사들에게 웃음을 삼가라고 가르쳤어. 성경에는 예수가 여러 번 눈물을 보이고 울었다고 기록되어 있지만, 예수가 웃었다는 대목은 한 군데도 없거든. 그래서 예수의 행동을 본받아 웃음을 멀리하고 웃음을 불러오는 말을 하지 말라고 수도사들에게 당부했지.

하지만 사람이 어떻게 웃지 않고 살 수 있겠니? 중세에 접어들어서는 수도원이나 교회에서도 무조건 웃음을 거부하지는 않았어. 방정맞게 큰 소리로 웃는 웃음은 악한 웃음이라고 하여 금했지만, 소리를 내지 않고 빙긋이 웃는 웃음은 선한 웃음이라고 하여 허용했지. 그래서 교회 벽에 그려진 그림이나 조각상에 미소 짓는 성모 마리아가 등장하기도 했어.

그러나 세월이 흘러 18세기 초 영국 런던에는 술에 취한 듯 몽롱해진 상태에서 큰 소리로 웃어 대는 사람들이 거리에 넘쳤어. 이들은 '웃음 가스'라고 불리는 아산화질소를 마신 거야.

아산화질소는 단맛과 향기가 있는 무색투명한 기체인데, 이 가스를 마시면 흥분 상태에 빠져 기분이 좋아지고 웃음이 터져 나온단다. 그래서 웃음을 일으키는 가스라고 하여 '웃음 가스'라는 이름을 얻은 거야.

사람들은 너도나도 웃음 가스를 마시며 즐거워했고, 웃음 가스는 오락용으로 폭발적인 인기를 누렸지.

1844년 어느 날이었어. 미국의 치과 의사 호레이스 웰스는 파티에 참석했다가 놀라운 장면을 보았어. 웃음 가스를 마신 사람이 다리를 크게 다쳐 피가 철철 흐르는데도 전혀 아픔을 느끼지 않는 거야.

'으음, 웃음 가스의 효과가 대단하구나. 수술을 할 때 환자에게 마취제로 써도 되겠어.'

웃음 가스 덕분에 아픈 걸 느끼지 못하겠지? 하지만 아주 많이 들이마시면 위험해!

이렇게 생각한 웰스는 하버드 대학교에서 아산화질소의 마취 효과를 증명해 보이려고 공개 수술 행사를 열었어.

그러나 이 행사는 그를 사기꾼으로 내몰리게 했어. 웃음 가스를 충분히 마시지 않았는데 의사들이 서둘러 수술을 시작하여, 환자가 아프다고 난리를 친 거야. 이 일로 웰스는 결국 병원을 그만두었고, 정신병을 앓다가 안타깝게도 스스로 목숨을 끊고 말았지.

### 마취제가 없던 옛날에는 어떻게 수술을 했을까?

몸의 일부를 째거나 도려내거나 하여 병을 낫게 하는 외과적인 치료 방법을 수술이라고 하지. 오늘날에는 수술을 할 때 반드시 마취제나 진통제를 쓰고 있단다. 하지만 마취제가 없던 옛날에는 팔다리를 자르는 수술조차도 환자에게 아무런 마취 없이 수술을 받게 했어. 미리 독한 술을 먹인 뒤 나뭇가지를 입에 물리면, 환자는 수술의 고통을 혼자서 참아 냈지.

고대 이집트나 로마에서는 수술을 받기 전에 환자에게 마약이나 독한 술을 먹였어. 또는 환자의 목을 매 질식 상태에 빠뜨리거나, 환자의 머리를 쳐서 의식을 잃게 해 수술을 하기도 했지. 이처럼 엄청난 고통이 따르는데도 수술을 받은 것은 죽는 것보다는 낫다고 판단했기 때문이야.

1846년 미국의 치과 의사 윌리엄 모턴이 에테르를, 그리고 몇 년 뒤 영국의 외과 의사 제임스 영 심슨이 클로로포름 등의 마취제를 찾아냄으로써 모든 환자들이 통증 없이 수술을 받게 되었단다.

## 돌팔이 의사
### 의술을 배운 적도 없는데 명의라고?

돌팔이 의사란 제대로 된 자격이나 실력 없이 의사 일을 하는 사람을 말한다. 19세기 이전에는 돌팔이 의사가 수도 없이 많았고, 이들을 가려내기 위한 노력이 200여 년간 이어졌다.

　19세기 영국 런던에는 존 롱이라는 의사가 있었어. 존 롱은 폐병을 잘 고치는 명의병을 잘 고쳐 이름난 의사로 세상에 널리 알려져 있었지.

　그는 의술을 정식으로 배운 적이 한 번도 없었어. 사람의 몸을 해부한 그림을 구해 혼자서 공부하는 등, 독학으로 의술을 배웠다고 전해졌지. 그런데도 폐병에 관한 한 그를 따를 의사가 없다고 하니 모두들 놀라워했어.

　그의 치료 방법은 뜻밖에도 간단했어. 가슴에 연고를 발라 주는 정도였거든. 존 롱은 운 좋게도 중증 환자를 만나지 않고 가벼운 증상의 환자나 폐병이 아닌데 스스로 폐병에 걸렸다고 생각하는 사람들만 치료했던 모양이야. 그러니 엉터리 연고만으로도 명의라는 소리를 들을 수 있었지.

　존 롱은 말솜씨도 좋았다고 해. 연고를 발라 피부에 부작용이 생기면, "폐병이 속에서 겉으로 드러났어요. 피부가 나으면 폐병도 나을 겁니다." 하며

양배추 잎을 피부에 발라 주었지. 양배추 잎이 특효약이라면서 말이야.

존 롱은 명의로 소문나면서 몰려드는 환자들을 돌보느라 정신이 없었어. 진찰실이 비좁아 큰 집으로 옮겼고, 벌어들이는 돈만 해도 일 년에 1만 3천 파운드나 되었지.

그런데 존 롱에게 위기가 찾아왔어. 캐서린 캐신이라는 여자아이의 가슴에 연고를 발라 주었는데, 그 연고가 알레르기를 일으켜 며칠 뒤에 죽고만 거야. 결국 과실 치사<sub>잘못된 행위로 사람을 죽이는 일</sub> 혐의로 250파운드의 벌금을 물어야 했지.

하지만 이 일로 존 롱은 더욱 세상에 알려졌어. 재판을 할 때 돈 많은 단골 고객들이 존 롱은 명의이며 그의 연고는 전혀 몸에 해롭지 않다고 다투어 증언을 해 주었거든. 이런 사실이 알려지자 그의 진찰실은 몰려드는 환자로 발 디딜 틈이 없게 되었지.

그의 행운은 오래가지 못했어. 하루는 어떤 신사의 아내를 진찰하게 되었는데, 폐병뿐 아니라 목에 생긴 암을 앓고 있었지. 돌팔이 의사인 존 롱은 당연히 이것을 몰랐고, 가슴에 연고를 발랐다가 더욱 증세가 악화되었던 거야. 신사는 아내를 다른 의사에게 데려갔고, 한 달 만에 숨을 거두고 말았지.

존 롱은 이 일로 명의로서의 명성을 잃고 사람들에게서 잊혀 갔어. 그러다가 진짜 폐병 환자에게 병이 옮아 폐병을 앓다가 세상을 떠났지. 36세의 젊은 나이였어.

## 왕에게 병을 고치는 능력이 있다고?

영국에서는 중세에 백성들 사이에 이런 소문이 떠돌았어. 왕에게는 병을 고치는 신비한 능력이 있다는 거야. 왕이 직접 환자들을 치료하는 것이 아니라, 왕의 몸에 닿으면 병이 저절로 낫는다는 것이었어. 특히 잘 낫는 병은 목에 생긴 멍울이 헐어 터지는 연주창이나 갑상선 질환이었지. 이것은 미신에 불과했지만 많은 백성들은 왕이 병을 고칠 수 있다고 굳게 믿었단다.

17세기에도 왕의 치료 능력에 대한 확신이 대단했지. 찰스 2세가 영국을 다스릴 때는 그 믿음이 최고조에 올라 있었어. 찰스 2세가 얼마나 많은 환자들을 상대했는지, 런던에 있는 모든 의사가 진찰한 환자보다 많았다는 거야.

왕의 치료 능력에 대한 믿음은 18세기에 와서 사그라들었어. 왕은 신과 같은 신비한 존재가 아니라 백성들과 똑같은 사람이라는 것을 깨달았기 때문이지.

## 마술
# 마술 공연으로 알제리의 반란을 막다

로베르 우뎅은 '현대 마술의 아버지'로 불릴 만큼 유명한 프랑스의 마술사이다.
주변에서 볼 수 있는 낯익은 것들로 환상적인 마술 공연을 펼쳤다.

1856년 초가을 어느 날, 프랑스의 황제 나폴레옹 3세는 심각한 얼굴로 신하들의 보고를 듣고 있었어.

"우리 프랑스의 중요한 식민지인 아프리카의 알제리에서 사람들의 움직임이 심상치 않습니다. 60여 개 이슬람 부족 지도자들이 국민들을 부추겨, 프랑스를 상대로 반란을 일으키려 하고 있습니다."

"그렇다면 그 반란을 막아야 하시 않겠나? 반란의 중심 세력은 누구지?"

"종교 지도자 집단인 마라부트입니다. 마라부트는 여러 가지 마술을 부려 알제리 사람들을 현혹시키고 있습니다. 이들의 인기가 대단해서, 마라부트의 말 한 마디에 전 국민이 일제히 총칼을 들고 일어날 기세입니다."

"반란을 총칼로 다스려서는 안 되겠지? 그보다는 마라부트의 마술 실력이 별것 아니라는 사실을 일깨워, 그들에 대한 국민의 지지를 거두어들이는 게 좋겠는데……."

황제와 신하들은 알제리에 프랑스 최고의 마술사를 보내기로 했어. 마술사로 하여금 신기에 가까운 마술 공연을 하게 하고, 마라부트의 마술이 형편없는 속임수에 불과하다는 것을 폭로하게 한 거야.

이렇게 해서 뽑힌 마술사가 유럽에서 가장 인기 있는 마술사인 로베르 우댕이었어. 그는 '현대 마술의 아버지'라고 불릴 만큼 현대 마술의 발전에 크게 이바지한 최고의 마술사였지.

1856년 10월, 로베르 우댕은 알제리에서 가장 큰 극장을 빌려 넓은 무대 위에서 마술 공연을 했어. 이 자리에는 마라부트를 비롯한 60여 개 이슬람 부족 지도자들은 물론, 많은 알제리 사람들이 참석했어. 빈자리를 찾아보기 힘들 정도였지.

로베르 우댕은 여러 가지 묘기를 선보였어. 먼저 손재주 묘기를 보였는데, 빈 그릇을 보여 준 뒤 그릇에서 사탕이 끊이지 않고 나오는가 하면, 모자 속에서 대포알을 만들어 보여 주기도 했어.

로베르 우댕은 마술에서 처음으로 기계와 전기를 사용한 것으로 유명해. 이날도 무대 위에 강철 상자를 올려놓고 힘센 남자 관객을 불러, 그 상자를 들어 올려 보라고 시켰어.

"이 상자는 가벼우면서도 무겁습니다. 누구나 가볍게 들 수 있지만, 최면에 걸리면 아무리 힘을 써도 상자를 들 수 없습니다."

로베르 우댕의 말대로 관객은 가볍게 강철 상자를 들어 올렸어. 하지만 로베르 우댕이 최면을 걸자, 강철 상자는 아무리 해도 전혀 움직이지 않

앉아. 그러더니 갑자기 남자 관객은 기겁을 하며 상자에서 손을 떼고 무대 아래로 내려갔지.

여기에는 관객들의 눈을 속이는 비밀이 있었어. 강철 상자 밑에는 전자석이 설치되어 있었지. 그래서 로베르 우댕이 신호를 보내면 그의 조수가 전자석을 작동시켜 강철 상자는 전혀 움직이지 않은 거야. 또한 상자 손잡이에 전기가 흐르게 해 강철 상자를 든 사람을 깜짝 놀라게 하기도 했지.

로베르 우댕은 마라부트 남자를 무대 위로 불러, 그에게 총을 주고 자신의 가슴을 향해 쏘라고 시켰어. 그러고는 발사된 총알을 손으로 잡아 관객

들을 놀라게 했지.

　마술 공연을 끝낸 뒤 로베르 우댕은 통역관을 통해 자기 마술의 비밀을 털어놓았어. 그런 다음 마라부트가 어떤 속임수로 마술을 부리는지 자세히 설명해 주었지.

　이 공연으로 알제리의 반란 세력은 국민들의 지지를 잃고 말았어. 그리고 로베르 우댕은 마술로 식민지 반란을 막았다고 프랑스 당국으로부터 상을 받았단다.

## 마술은 언제부터 나타났을까?

  마술에 대한 가장 오래된 기록은 고대 이집트에서 찾아볼 수 있어. 기원전 5000년쯤에 마술이 행해졌고, 기원전 1700년쯤에 궁전에서 마술사가 마술 공연을 했다는 기록이 있거든. 이때의 마술은 대부분 손재주 마술이었어. 작은 공이나 구슬을 손 안에 넣었다가 사라지게 한 뒤 다시 나타나게 하는 등의 묘기였지.

고대 그리스·로마 시대나 중세에 와서도 마술은 손재주 묘기가 주류를 이루었어. 떠돌이 마술사들이 귀족의 집이나 농장의 넓은 창고, 또는 장터 등에서 공연을 했지. 컵과 구슬을 이용한 마술뿐 아니라 빈 주머니에서 달걀을 꺼내 보이거나 줄을 자르고 다시 잇는 마술 등도 선보였어.

18, 19세기에 이르러서는 로베르 우댕 등이 여러 가지 도구나 기계 장치를 사용하면서 마술은 비약적인 발전을 했어. 20세기에는 수갑을 차고 온몸이 사슬로 묶인 채 나무 상자에서 탈출하는 묘기, 자동차나 코끼리를 없애 보이는 마술 등 다양한 마술이 등장했어. 그렇게 해서 마술은 대중이 즐기는 오락으로 자리 잡았지.

**강희제**
# 중국 역사상 가장 위대한 황제, 강희제

강희제는 여덟 살의 어린 나이에 황제에 올라 중국 역사상 가장 오랜 기간 동안
청나라를 통치했으며, 당시 존재하던 국가들 가운데 가장 큰 국가로 만들었다.

강희제는 청나라 제4대 황제야. 중국의 역대 황제 230여 명 중에 유일하게 '천 년에 한 번 나올까 말까 한 황제'라는 칭송을 받을 만큼 중국 역사상 가장 위대한 황제로 꼽히고 있어.

강희제는 1661년부터 1722년까지 무려 60년 동안 통치했어. 만주족의 누르하치가 세운 청나라는 강희제에 의해 나라의 기틀이 잡혔고, 강희제·옹정제·건륭제로 이어지는 133년간의 태평성대를 이룰 수 있었지.

강희제는 매우 성실한 황제였어. "오늘 할 일을 단 한 가지도 내일로 미뤄서는 안 된다."며 날마다 받는 상소문과 보고서 300~400통을 모두 읽고 처리했어. 전쟁 중이라도 모든 문서를 빠짐없이 확인했으며, 일이 많아 밤을 새울 때도 많았다고 해.

강희제는 학문을 중시하고 배우기를 즐겼어. 그는 유교 사상으로 청나라

민주주의에 눈을 뜨고 산업이 발달한 근대  **47**

를 통치하려 했고, 유교를 연구하고 학문에 열중했지. 그의 학식이 얼마나 풍부한지 조정 대신들이 그와 유교 경전을 논하지 못할 정도였어.

강희제는 서양의 새로운 문물을 배우고 익히는 것도 좋아했어. 그래서 예수회 1534년 스페인의 로욜라가 세운 남자 수도회로 세계적인 포교와 교육에 힘씀 선교사들에게 기하학·의학·물리학·화학·천문학·지리학·음악 등을 배웠지.

강희제는 호기심이 많고 실험 정신이 강했어. 어느 날 농촌을 시찰하던 그는 논밭을 둘러보다가 특이한 벼 한 그루를 발견했어. 그 벼는 다른 벼들보다 껑충 키가 큰 거야. 호기심이 생긴 강희제는 그냥 지나치지 않고 그 벼를 뽑아 궁궐로 가져왔어. 그러고는 그 벼를 재배하여 '어도'라는 새로운 품종의 벼를 개발했지.

　강희제는 메뚜기 떼가 논밭에 피해를 많이 주자 메뚜기에 관심을 가졌어. 메뚜기에 대한 자료를 모아 글을 쓰고 메뚜기 퇴치 방법을 연구했지. 그리하여 농가에 피해를 주는 메뚜기를 없앨 수 있었단다.

　또한 사치를 싫어하고 아주 검소했어. 옷이 낡으면 버리지 않고 기워서라도 입었지. 강희제는 명나라 말기에 1만 명이 넘던 내관과 궁녀를 정리해 400명으로 줄였어. 그랬더니 명나라 말기에 은 1만 냥 가까이 들던 하루 궁궐 유지비가 500~600냥으로 크게 줄었다는구나. 강희제는 자신의 침전에도 시중드는 내관과 궁녀를 10명 이상 두지 않았지.

　강희제는 자신이 직접 쓴 책인 『근검록』에서 "궁궐에서 쓰는 모든 비용은 백성들의 피와 땀으로 얻어진 것이다. 황제인 나부터 근검절약해야 한다."고 밝혔어. 그런 황제에 대해 예수회 선교사 부베는 이렇게 말했지.

"강희제는 세상에서 가장 부유한 군주다. 그런데도 그의 생활용품들은 사치와 화려함과는 거리가 멀다. 소박하기 그지없다. 역대 황제들 가운데 전례 없는 일이다."

### 만주족과 한족이 함께하는 만한전석

명나라의 뒤를 이어 중국을 다스린 청나라는 이민족인 만주족이었어. 청나라 제4대 황제인 강희제가 위대한 황제로 손꼽히는 것도, 소수인 만주족이 다수인 한족의 반감을 사지 않게 통합의 리더십으로 중국을 잘 다스렸기 때문이야.

강희제는 1714년 환갑을 맞아 만주족과 한족을 위해 특별한 잔치를 열었어. 전국에서 65세 이상 되는 노인 2천 800명을 궁궐로 초대하여 연회를 베푼 거야. 강희제는 그 자리에 만주족 음식과 한족 음식 108가지를 한꺼번에 차리게 했지. 만주족 연회인 만석과 한족 연회인 한석이 모인 이 대대적인 연회가 바로 '만한전석'이야.

연회에 초대된 만주족과 한족 사람들은 함께 음식을 맛보며 서로를 이해하게 되었지. 만한전석은 만주족과 한족의 진정한 통합을 바라는 강희제의 작품이라 할 수 있겠지?

## 교육자 페스탈로치
# 학생과 선생님이 마음껏 뛰어노는 학교

스위스의 교육자이자 사상가인 페스탈로치는 고아와 아이를 위해 생애를 바쳤다.
아이들 교육에서 조건 없는 사랑을 실천하고 가정 교육을 강조했다.

    스위스의 교육자 페스탈로치는 젊은 시절 아내와 농사일을 하며 버려진 아이들을 돌보았어. 갈 곳 없는 고아와 거지 아이, 병든 아이, 못된 짓만 하는 아이들을 집으로 데려왔지.
    "우리는 한 식구다. 일도 공부도 함께 하는 거야."
    페스탈로치는 아이들과 함께 낮에는 농장에서 열심히 일했어. 그리고 밤에는 옷감 짜는 기계를 돌렸어.
    '이 아이들한테는 노동의 가치를 일깨워 줘야 한다. 그리고 비뚤어진 성격도 바로잡아야 한다. 공부보다 먼저 해야 할 일이 바로 이것이다.'
    페스탈로치는 아이들에게 섣불리 글을 가르치지 않았어. 땀 흘려 일하는 기쁨을 알게 하고, 나쁜 버릇을 고쳐 주는 데 힘을 기울였어. 그러자 터무니없는 소문이 돌았지.

"흥, 고아들을 데려다가 키우고 공부시킨다더니, 소나 말처럼 부려 먹기만 하는군."

"페스탈로치의 속셈은 따로 있었어. 불쌍한 아이들의 노동력을 착취해 자기 배를 채우려 했던 거야."

사람들은 페스탈로치의 교육 방법을 이해하지 못하고 헐뜯기에 바빴어.

"공부와 일은 둘이 아니라 하나입니다. 학교와 일자리는 한 몸이라 할 수 있지요."

페스탈로치가 아무리 교육에 대한 자신의 생각을 밝혀도, 사람들은 페스탈로치를 이해하지 못했어. 모두들 그를 욕하고 비난할 뿐이었지.

페스탈로치는 그동안 꽤 많은 빚을 졌어. 자그마치 그 빚이 4만 마르크였어. 페스탈로치는 빚 때문에 농장을 남한테 넘기고 아이들도 내보내야 했지.

그 뒤 페스탈로치는 거리에 버려진 10여 명의 고아들과 가난한 집 아이들을 모아 학교를 열었어. 낮에는 아이들과 공장에서 땀 흘려 일하고, 밤에는 아이들에게 공부를 가르쳤어. 아이들은 페스탈로치와 그의 아내를 아버지, 어머니라 부르며 믿고 따랐지. 그러나 이 학교도 나중에 어려워져 문을 닫아야 했단다.

빈털터리가 된 페스탈로치는 그동안 아이들을 기르고 가르친 경험을 살려, 교육에 대한 여러 권의 책을 썼어.

나중에 페스탈로치는 부르크도르프, 이페르텐 지방에 초등학교를 세워 열과 성을 다해 아이들을 가르치며 이렇게 말했어.

"올바른 사회는 오직 어린이들에게 참다운 교육을 실시함으로써 이루어질 수 있습니다."

페스탈로치의 교육 방법은 당시만 해도 새롭고 독특했어. 그는 학교를 가정이라 생각하여, 학생과 선생님이 가족처럼 지내게 했어. 그리고 선생님이 학생을 회초리로 때리고, 강제로 교과서를 외우게 하는 일도 없었단다.

학교에서는 학생과 선생님이 산으로 들로 마음껏 돌아다녔어. 곤충 채집이나 식물 채집을 했고, 노래하고 싶으면 노래하고 졸리면 잠을 잤어.

이 학교는 점차 유명해졌어. 독일, 프랑스, 영국, 미국, 스페인, 이탈리아, 러시아 등에서까지 학교를 견학하러 왔으며, 많은 선생님들이 페스탈로치

교과서는 필요 없어.
자연이 곧 학교야.

의 교육 방법을 연구하러 찾아왔어. 부르크도르프는 이제 유럽 교육의 중심지가 된 거야.

　세상을 떠난 페스탈로치의 무덤 앞 비석에는 다음과 같은 글이 새겨져 있단다. "가난한 사람들의 구제자이고 고아의 아버지이며, 초등학교의 창설자, 참된 사람이요, 그리스도인이요, 시민이었다. 모든 것이 남을 위해서였으며, 스스로를 위해서는 아무것도 하지 않았다."

### 페스탈로치는 왜 유리 조각을 주웠을까?

　스위스 부르크도르프의 거리에서 아이들이 뛰어놀고 있었어. 그때 페스탈로치가 거리로 들어섰는데 갑자기 허리를 굽혀 무엇인가를 열심히 줍기 시작했지. 마침 근처를 순찰하던 경찰관이 페스탈로치를 수상히 여겨 그에게 다가가서 물었어.
"무엇을 주워 주머니 속에 넣으시는 겁니까? 잠깐 보여 주세요."
"별것 아닙니다. 보여 드릴 만한 것이 못 되는데……."
"그건 할아버지 생각이고요. 저는 꼭 봐야겠습니다."
경찰관이 고집을 부리자 페스탈로치는 주머니에서 유리 조각을 꺼내 보여 주었어.
"할아버지, 아무짝에도 쓸모없는 유리 조각은 왜 주우셨어요?"
"저 아이들이 맨발로 뛰어놀고 있기에……."
"아이고, 죄송합니다. 저는 그것도 모르고……. 제가 생각이 모자랐습니다."
경찰관은 얼굴을 붉히며 페스탈로치에게 사과했단다.

## 기차

# 미국 남북 전쟁에서 북군은 철도를 이용해 승리했다?

1804년 영국에서 최초로 철길 위를 달릴 수 있는 증기 기관차를 발명했다.
1825년에 영국에서 철도를 개통한 이후 세계 여러 나라에서 철도 시대가 열렸다.

기차는 동력의 힘으로 철길 위를 달리는 차량이야. 흔히 '철도 차량'이라고 하지. 기차는 동력을 가진 동력차와 동력 없이 끌려 다니는 객차·화차로 나뉘어. 동력차는 객석이 있는 동차와 객석이 없는 기관차로 구분되고, 동차는 전차·내연 동차, 기관차는 증기 기관차·디젤 기관차·전기 기관차 등이 있어. 또한 승객을 나르는 객차는 쓰임에 따라 보통 객차·침대차·식당차·전망차 등으로 나눌 수 있고, 화물을 나르는 화차는 뚜껑이 있는 유개차, 뚜껑이 없는 무개차, 탱크차, 바닥이나 옆 부분이 열리는 호퍼차 등이 있어.

기차는 엄청 빠르게 달리는 데다, 한꺼번에 많은 사람과 화물을 실어 나를 수 있어. 그래서 기차가 처음 나타났을 때는 육상 수송 기관으로서 교통 혁명을 일으켰지. 오늘날에도 없어서는 안 될 중요한 교통수단으로 널리 이용되고 있어.

　기차는 1804년 영국의 리처드 트레비식이 철길 위를 달릴 수 있는 증기 기관차를 최초로 발명하고, 1825년 영국의 조지 스티븐슨이 실용형 증기 기관차를 만들어 스톡턴-달링턴 간 철도를 개통함으로써 중요한 교통수단이 되었어. 그 뒤 세계 여러 나라들이 영국의 증기 기관차를 들여왔으며, 인류의 역사를 바꿀 철도 시대가 열리게 되었지.

　옛날 전쟁에서 병사들을 힘들게 한 것은 장거리 행군이었어. 당시에는 교통수단이 발달하지 않아 전쟁터까지 먼 거리를 걸어야 했거든. 수만 리 길을 몇십 일 동안 걸어 전쟁터에 도착하면 병사들은 지칠 대로 지쳐 쓰러지기 직전이었어. 그런 상태에서는 체력이 바닥나서 제대로 전투를 치를 수가 없었어.

그러나 철도가 개통되면서 전쟁의 양상은 달라졌어. 기차는 빠른 속도로 한꺼번에 많은 병사들을 실어 날랐지. 무엇보다 병사들이 철도를 이용하니 지치지 않아서 좋았어. 수만 리 길을 불과 며칠 만에 편안히 앉아서 갈 수 있었으니까. 더욱이 병력과 군수품을 제때에 수송할 수 있어서 전쟁을 잘 치를 수 있었어.

철도가 세계 여러 나라에 건설되면서 처음으로 철도를 사용한 전쟁은 바로 미국의 남북 전쟁이야. 노예 제도를 두고 북부와 남부가 싸운 이 싸움에서 북부는 남부보다 유리했어. 북부의 인구가 2천 100만 명인 데 비해 남부의 인구는 겨우 900만 명이었어. 게다가 공업 시설은 북부에 집중해 있었고, 철도도 북부가 더 많이 깔려 있었어. 전쟁이 길어지면서 더 많은 병력과 군수품을 철도를 이용해 빠르게 보급하는 북군을 남군은 당할

수가 없었어. 결국 남북 전쟁은 북군의 승리로 끝났지.

러일 전쟁 때도 마찬가지였어. 일본은 철도를 이용해 병력과 군수품을 제때 전쟁터로 실어 날랐지만, 러시아는 시베리아 횡단 철도가 완성되지 않아 그렇게 하지 못했어. 결국 승리는 일본에게 돌아갔지. 만약에 러시아가 시베리아 횡단 철도를 빨리 완성했다면 그렇게 쉽게 패하지 않았을 거야.

### 우리나라에는 언제 처음 철도가 놓였을까?

우리나라는 노량진-제물포 간의 경인선 철도가 부설되어 1899년 6월 18일 시험 운행(개통은 9월 18일)함으로써 증기 기관차가 첫선을 보였어. 노량진은 지금의 영등포, 제물포는 지금의 인천을 말해. 그 뒤 1905년에는 서울-부산 간의 경부선, 1906년에는 서울-신의주 간의 경의선, 1914년에는 대전-목포 간의 호남선과 서울-원산 간의 경원선 등이 개통되었지.

한반도에 부설된 철도는 일제 강점기에 일제가 우리 쌀과 각종 지하자원을 일본으로 가져가기 위한 수탈의 통로로 이용되었단다.

우리나라 철도는 8·15 광복 뒤 남북 분단으로 끊기고 말았지만, 남쪽에서는 경제 성장과 함께 비약적인 발전을 거듭해 왔어. 2004년에는 한 시간에 200킬로미터를 달리는 고속철(KTX)이 개통되어 전국이 반나절 생활권으로 바뀌었단다.

## 화산 폭발
### 세계사를 바꾼 인도네시아의 탐보라 화산

인도네시아 탐보라 화산은 지금도 활동 중인 활화산이다. 이 화산은 1815년 대폭발을 했는데 여기서 나온 화산재가 전 세계로 퍼질 만큼 엄청난 폭발로 기록되고 있다.

지금부터 200여 년 전인 1815년 4월 15일 인도네시아 발리섬 동쪽에 놓인 숨바와섬의 탐보라 화산이 폭발했어. 폭발 소리가 얼마나 크고 요란했는지 숨바와섬에서 2천 500킬로미터나 떨어진 곳에서도 들릴 정도였어.

탐보라 화산은 슈퍼 화산답게 인류 역사상 가장 큰 폭발을 일으켰어. 이 산은 본래 높이가 4천 200미터인데 엄청난 폭발로 산 정상이 날아가 버렸어. 그래서 지금은 산의 높이가 2천 851미터밖에 되지 않지.

화산이 폭발할 때 강도가 얼마나 셌는지 제2차 세계 대전 때 일본 히로시마에 떨어진 원자 폭탄 17만 개가 동시에 터진 것과 같은 위력이었다고 해. 이 화산 폭발로 순식간에 목숨을 잃은 사람은 5~9만여 명이나 되었어.

이 화산 폭발로 나온 화산재는 무려 150억 톤에 이르렀어. 인류 역사상 그렇게 많은 화산재가 나온 적이 없었어. 화산재는 인도네시아 반경 600

킬로미터 지역의 하늘을 뒤덮어서, 사흘 동안 한낮에도 칠흑 같은 어둠이 계속되었어.

그뿐만이 아니야. 화산재는 성층권까지 올라가 바람을 타고 전 세계 대기권에 흩어졌어. 그러고는 화산재가 태양빛을 차단해 지구의 기온을 떨어뜨렸지. 화산재의 영향은 자그마치 7년이나 계속되었어. 그 여파로 지구 전체가 오랜 기간 추운 겨울을 맞이할 수밖에 없었어. 미국에서는 한여름에도 눈 폭풍이 불어닥쳤고, 캐나다에는 눈이 내려 30센티미터나 쌓였어. 그 결과 탐보라 화산 폭발 이듬해인 1816년은 '여름이 없는 해'로 불렸어. 유럽에서도 그해는 500년 만에 가장 추운 여름 기온을 기록했지.

이 화산 폭발로 인한 이상 기온은 세계 곳곳에 흉작에 따른 대기근을 불러왔어. 미국에서는 농작물 생산 감소로 농작물 값이 몇 배로 뛰어올랐고, 유럽에서는 식량 부족으로 여러 나라에서 폭동이 줄을 이었어. 아일랜드만 해도 2년 동안 6만 5천 명이 굶거나 병들어 죽었다고 해.

1816년부터 시작된 유럽의 식량난과 경제 공황은 신대륙 집단 이민으로 이어졌어. '굶어 죽느니 차라리 신대륙으로 건너가자.'며 너나없이 이민 대열에 뛰어들었지. 그 결과 1800~1820년 사이에 미국 인구는 530만 명에서 960만 명으로 늘어났다고 해.

탐보라 화산 폭발은 우리나라에도 영향을 미쳤어. 조선 순조 16년인 1816년 남부 지방에 흉작으로 먹을 것이 모자라 수십만 명이 굶주림에 시달렸어. 굶어 죽는 사람들이 계속 늘어나 불과 2~3년 만에 인구가 790여만 명에서 659만 명으로 130여만 명이나 줄어들었단다.

## 인도네시아는 세계에서 화산이 가장 많은 나라라고?

'인도네시아'라는 이름은 '인도'와 '섬들'을 가리키는 '네오스', '-의 나라'를 뜻하는 '이아'가 합쳐진 것이야. '인도 섬들의 나라'라는 뜻이 말해 주듯이 인도네시아는 많은 섬들로 이루어져 있는 나라지. 모두 1만 8천 108개의 크고 작은 섬들이 있는데, 그 가운데 1만 2천 개가 무인도야. 사람이 사는 섬들 중에 자바·수마트라·칼리만탄·술라웨시·파푸아 등이 큰 섬인데, 수도인 자카르타가 있는 자바에 전체 인구의 60퍼센트 이상이 살고 있어.

인도네시아는 세계에서 화산이 가장 많은 나라야. '불의 고리'로 불리는 환태평양 화산대에 놓여 있어 화산이 500개쯤 있어. 그 가운데 지금도 활동을 하는 활화산이 129개나 돼.

화산은 폭발로 재난을 일으키지만 사람들에게 이로움을 주기도 해. 화산 때문에 생긴 땅이 더 기름져서, 거름을 주지 않아도 농사가 아주 잘되거든. 인도네시아에서 가장 좋은 쌀은 므라피 화산 기슭에서 생산된다고 해.

### 작가 메리 셸리

## 무시무시한 인조 괴물, 프랑켄슈타인의 탄생

『프랑켄슈타인』은 인간이 실험실에서 만들어 낸 한 괴물의 이야기를 다룬 공상 과학 소설이다. 1818년 출간 후 영화와 연극, 만화 등으로도 제작되었다.

　1816년 6월의 어느 날이었어. 폭풍우가 몰아치던 밤, 스위스 제네바 근처에 있는 레만 호수의 디오다티 빌라에는 다섯 명이 모여 이야기를 나누고 있었어. 이 집의 주인인 시인 바이런, 바이런의 주치의인 존 폴리도리, 바이런의 애인이었던 클레어 클레어몬트, 그리고 시인 퍼시 비시 셸리, 셸리의 부인인 메리였지.

　당시 17세였던 메리는 의붓 자매인 클레어 클레어몬트, 남편인 퍼시 비시 셸리, 아들인 윌리엄과 더불어 스위스 일대를 여행하고 있었어. 클레어 클레어몬트는 바이런과의 사랑을 잊지 못해 일행에게 바이런이 있는 레만 호수로 가자고 제의했어. 그리하여 메리 일행은 레만 호수의 디오다티 빌라를 방문하게 된 거야.

　당시 바이런은 디오다티 빌라에서 존 폴리도리와 같이 지내고 있었어.

바이런과 존 폴리도리는 메리 일행을 반갑게 맞이했어. 다섯 사람은 함께 음식을 나누며 즐거운 시간을 보냈지. 이들은 독일에서 유행하던 유령 이야기를 신나게 떠들어 댔어. 그때 바이런이 이런 제의를 했어.

"우리 각자 무시무시한 유령 이야기를 한 편씩 써 볼까?"

"좋아, 좋아."

이들은 유령을 소재로 하여 작품을 한 편씩 쓰게 되었어. 바이런은 흡혈귀가 등장하는 단편을 완성했고, 퍼시 비시 셸리는 어린 시절에 겪었던 유령 이야기를 썼어. 또한 존 폴리도리는 열쇠 구멍으로 훔쳐보았다는 이유로 처형당한 해골 처녀가 나오는 이야기를 썼고, 클레어 클레어몬트는 유령을 주인공으로 한 새로운 이야기를 집필했어. 그러나 메리만은 작품 구상이 떠오르지 않아 선뜻 펜을 잡을 수가 없었단다.

'무슨 작품을 쓰지? 등골이 오싹해질 무시무시한 이야기를 써야 하는데.'

메리는 머리를 쥐어뜯으며 여러 날 동안 고민을 했어. 하지만 마땅한 아이디어가 머릿속에 떠오르지 않았어.

그러던 어느 날이었어. 잠자리에 든 그녀는 악몽에 시달려야 했어. 무시무시한 괴물이 꿈속에 나타났기 때문이야. 잠이 깬 메리는 꿈속 장면을 떠올리며 몸서리를 쳤어.

'생각만 해도 끔찍해. 흉측한 모습의 괴물이 연구실에서 자기를 만든 학자를 무릎 꿇리고 있었지?'

메리는 꿈속에서 보았던 괴물을 소재로 하여 소설을 쓰기 시작했어. 이

소설이 바로 괴기 소설로 유명한 『프랑켄슈타인』이야. 대강 줄거리는 다음과 같아.

젊은 과학자 빅터 프랑켄슈타인은 오랜 연구 끝에 드디어 시체 조각들을 모아 인조인간을 만드는 데 성공해. 하지만 그 모습은 눈 뜨고 볼 수 없을 만큼 기괴하고 끔찍했지. 그래서 프랑켄슈타인은 비명을 지르며 놀라서 달아난단다. 그 사이 괴물도 어디론가 자취를 감추지.

이름도 없이 세상 속에 내던져져 외로움에 고통받던 괴물은 어느 날 자신의 창조주인 프랑켄슈타인을 찾아와. 그는 자기와 같이 살 여자를 만들어 달라고 프랑켄슈타인에게 청하지. 자신의 청을 들어주면 인간 세상을 떠나 여자와 함께 숨어 살겠다는 거야.

프랑켄슈타인은 처음에 그 청을 수락했다가, 만들던 여자 피조물을 없애 버려. 분노에 사로잡힌 괴물은 프랑켄슈타인의 친구 클레르발과 신부 엘리자베스를 죽이는 등 복수극을 벌인단다. 이에 프랑켄슈타인은 괴물을 죽이기 위해 나서는데, 난폭해진 괴물 때문에 끝내 목숨을 잃고 말지.

1818년 메리는 이 소설을 『프랑켄슈타인, 현대의 프로메테우스』라는 제목으로 발표했어. 자신의 본명을 밝히지 않고 익명으로 영국에서 출간했지. 본명을 밝히면 여자라는 이유로 차별을 받을 것 같아서였어.

메리는 13년이 지난 1831년에야 자신의 본명을 밝히고 개정판을 출간했어. 그러자 여성 작가에 대한 편견으로 인해 혹평이 줄을 이었어. 하지만 이 작품은 연극으로 만들어지는 등 대중적인 인기를 얻어 대성공을 거두었지. 이 소설은 최초의 공상 과학 소설로서 문학사에 그 이름을 남기게 되었단다.

『프랑켄슈타인』은 1910년 토머스 에디슨에 의해 영화로 만들어졌어. 그 뒤 1931년에는 미국 유니버설 영화사에서 제작한 영화가 크게 히트하여 세계적인 명성을 얻었지.

유럽 사람들은 '프랑켄슈타인'의 괴물을, 드라큘라와 함께 가장 무서운 괴물로 꼽고 있어.

## 드라큘라는 실제로 존재했던 인물이다?

 드라큘라는 15세기에 실제로 존재했던 인물이야. 루마니아의 왈라키아 공국을 1456년부터 1462년까지 다스렸던 영주 블라드 체페슈가 바로 그 사람이야. 체페슈는 루마니아 말로 '말뚝 박는 자'를 뜻해. 실제로 그가 4만여 명을 잔혹하게 말뚝에 박아 죽여 붙은 별명이야. 체페슈는 오스만 튀르크족의 침략에 맞서 싸웠는데, 그때 사로잡은 포로들을 그런 잔인한 방법으로 사형시켰다고 해.

체페슈는 아버지 때문에 '드라큘라'라는 이름을 얻었어. 아버지는 헝가리 지기스문트 황제에게 '드라큘', 즉 '용'이라는 작위를 받았지. 그래서 '용의 아들'이라고 해서 '드라큘라'라고 불렸던 거야. 아일랜드 소설가 브램 스토커는 『흡혈귀 드라큘라』를 쓰기 위해 자료를 모으다가 영국 박물관에서 블라드 체페슈에 관한 기록을 찾아냈어. 그래서 그에게 관심을 갖게 되어 주인공 이름으로 정한 뒤, 흡혈귀 전설을 바탕으로 상상력을 발휘하여 소설을 썼던 거야.

루마니아 트란실바니아의 브란 성은 블라드 체페슈가 살았던 성이야. 이 성은 '드라큘라 성'으로 알려져서 요즘도 전 세계에서 수많은 사람들이 찾아온단다.

## 한센병
# 스스로 한센병 환자가 된 다미앵 신부

한센병은 나병균에 의해 걸리는 만성 전염병으로 나병이라고도 한다. 피부에 반점 같은 것이 생기고 그곳이 마비되며 눈썹이 빠지고 손발이나 얼굴이 변형되는 증상이 나타난다.

다미앵은 벨기에 출신의 가톨릭 신부야. 형인 팜필 신부의 영향을 받아 성직자를 지망한 그는 해외 선교를 하는 수도회에 들어갔어. 그리고 1863년 하와이로 가서 신부가 되었지.

다미앵 신부는 교구 사제로 10년 동안 일했어. 그런데 어느 날 그는 하와이의 몰로카이섬에 있는 한센병 환자촌인 칼라와오 마을에 대한 소식을 들었어.

이 마을은 하와이 정부가 한센병 환자들을 잡아들여 외부와 격리시킨 강제 수용소였어. 이곳은 삼면이 바다로 둘러싸여 있고, 다른 한 면은 깎아지른 듯한 낭떠러지라서 한번 들어가면 나올 수 없었어.

1873년 다미앵 신부는 한센병 환자들을 돌보기 위해 칼라와오 마을로 들어갔어. 처음 갈 때 그를 데려간 주교는 한센병 환자들에게 이렇게 말했어.

"여러분의 아버지가 될 사람을 데려왔습니다. 이분은 여러분을 극진히 사랑해서 여러분과 같이 살고 여러분과 같이 죽을 것입니다."

그때 다미앵 신부는 33세 청년이었어. 그는 주교가 말한 대로 한센병 환자들과 함께 살며 그들을 아버지처럼 돌봐 주었어. 병으로 죽어 가는 사람들을 위로하고 상처를 치료해 주었으며, 관을 만들고 무덤을 팠어. 그가 처음 6년 동안 판 무덤이 1,600여 개였어. 다미앵 신부는 교회를 세우고 한센병 환자들이 살 집을 지어 주었어.

한센병 환자들은 외부 사람들에게 멸시와 천대를 받아 왔기 때문에 처음에는 다미앵 신부에게 마음의 문을 굳게 닫았어. 신부를 경계하고 일부러 차갑게 대했지.

"하느님, 저를 한센병 환자로 만들어 주세요. 저도 저들과 같이 육체적 고통을 나누며 형제로 살고 싶습니다."

다미앵 신부는 날마다 이런 기도를 하며 환자들을 헌신적으로 돌보았어. 그러자 그들은 신부의 한결같은 사랑과 정성에 감동을 받아 마음의 문을 열었어. 그리하여 다미앵 신부를 아버지처럼 믿고 따랐지.

그로부터 10년 뒤 다미앵 신부는 자신도 한센병에 걸렸다는 판정을 받았어. 그는 하느님이 자기 기도를 들어주었다며 매우 기뻐했어.

다미앵 신부는 한센병을 앓으면서도 죽는 순간까지 환자들을 정성스럽게 보살폈어. 그리고 1889년의 어느 날 하느님의 부름을 받았지. 성자의 삶을 살았던 다미앵 신부는 오늘날까지 '한센병 환자들의 아버지'라 불리며 많은 사람들의 존경을 받고 있단다.

## 한센병 환자는 공포와 기피의 대상?

　　한센병은 한센균이라고도 하는 막대 모양의 나균 때문에 생기는 전염병이야. 병에 걸리면 피부와 외형이 문드러진다고 해서 옛날에는 '문둥이'로 낮춰 부르고 '문둥병' 또는 '나병'이라고 했어. 1873년 노르웨이의 의사 게르하르 한센이 최초로 한센균을 발견하여, 그의 이름을 따서 '한센병'이라고 부르고 있지.

　한센병에 걸리면 흉한 외모 때문에 오랜 옛날부터 사람들에게 공포와 기피의 대상이 되었어. 사람들과 가까이할 수 없고 언제나 따돌림을 당했어. 중세 유럽에서 한센병 환자는 검은 외투처럼 한눈에 알아볼 수 있는 옷을 입어야 하고, 사람들이 오면 뿔피리·딸랑이 등을 사용해 자신의 존재를 알려야 했지. 그리고 시장·여관·술집 등에 들어가는 것이 허용되지 않았어.

　한센병은 20세기 중반에 치료약이 개발되어 환자가 크게 줄어들었어. 세계 보건 기구는 2030년쯤 한센병이 완전히 없어지리라 내다보고 있어.

## 고무
### 고무나무 씨앗을 빼돌린 '영국의 문익점', 헨리 위컴

고무는 신발, 장갑, 장화, 고무줄, 비옷 등 갖가지 생활필수품을 만들 수 있는 공업 원료로, 19세기 후반에서 20세기에 걸쳐 전 세계에서 폭발적인 인기를 누렸다.

1888년 타이어가 발명되고 자전거와 자동차가 널리 보급되면서 고무는 중요한 자원으로 떠올랐어. 지금의 석유처럼 당시에는 고무가 없으면 사회가 제대로 돌아가지 않는다고 해도 지나친 말이 아니었지.

1870년대에 영국의 큐 왕립 식물원에서는 고무가 미래의 성장 산업임을 내다보고 있었어. 공업이 발달할수록 고무의 수요는 더욱 크게 늘어날 것이기에 고무나무를 들여와 집중적으로 재배해야겠다는 생각을 했지.

당시 전 세계 고무 생산량의 98퍼센트를 차지한 나라는 브라질이었어. 남아메리카의 아마존강 유역에 3억 그루쯤 되는 파라고무나무가 자라고 있었으니까. 그런데 이 파라고무나무는 한 군데 모여 자라지 않고 넓은 아마존 열대 우림에 흩어져 있었어. 따라서 나무줄기에 칼로 흠집을 내어 거기서 흘러나오는 젖빛 수액('라텍스'라고 하는데 고무의 원료가 된다.)을 채취하려면 많은 사람들을 고용해 일꾼으로 써야 했지.

　아무튼 아마존 유역의 도시들은 고무 생산으로 엄청난 호황을 누리고 있었어. 아마존 깊숙이 있는 '마나우스'라는 도시에는 웅장한 저택들이 즐비하게 늘어섰고, 유럽에도 흔치 않은 화려한 오페라 하우스가 있을 정도였단다.

　고무가 이처럼 풍부한 부를 안겨 주고 나라 살림을 살찌게 해 주니, 브라질 정부는 파라고무나무 씨앗이 나라 밖으로 나가는 것을 철저히 금지했어. 만약 이를 어기고 파라고무나무 씨앗을 몰래 가지고 나가다가 들키면 사형시켰다고 해.

　영국의 큐 왕립 식물원에서는 이런 사실을 알면서도 브라질에서 파라고무나무 씨앗을 몰래 빼내기로 했어. 파라고무나무 씨앗을 들여와 재배에 성공한다면, 영국은 세계 고무 시장을 손아귀에 넣게 될 테니까.

　큐 왕립 식물원은 영국 정부의 인도부 장관을 통해 한 젊은이를 포섭했어. 브라질에서 숲을 관리하는 영림관으로 일하는 헨리 위컴이었어.

　위컴은 파라고무나무 씨앗을 7만 개나 몰래 영국으로 빼돌리기로 했어. 브라질 정부에 들키면 사형을 당하기 때문에 비밀리에 일을 추진했지. 위컴은 아마존강 상류에 있는 도시인 산타렝에서 먼저 배편을 알아보았어. 마침 영국 화물선 아마조너스호가 산타렝 항구에 들어와 있어서, 선장을 설득해 배를 대기시켰어. 그러고는 산타렝 근처에 있는 타파조스강의 밀림 지대로 가서, 원주민들을 동원해 파라고무나무 씨앗을 수집했단다.

　파라고무나무 씨앗을 상자에 담아 배에 실은 위컴은, 파라시의 항구에서

세관비행장, 항만, 국경 지대에 설치되어 여행자의 물품이나 수출입 화물에 대해 세금을 부과하는 곳을 통과해야 했어. 이때 그는 파라고무나무 씨앗을, 영국의 큐 왕립 식물원에서 영국 국왕의 명령으로 수입해 가는 각종 나무의 씨앗이라고 적당히 둘러댔어. 그렇게 그곳을 무사히 통과해 영국을 향해 출발했지. 이때가 1876년 3월 28일이야.

　영국의 큐 왕립 식물원에서는 파라고무나무 씨앗을 뿌려 묘목을 길러 낸 뒤, 그해 9월에 동남아시아에 있는 영국의 식민지로 보냈어. 그곳은 고무 생산지인 브라질의 아마존 열대 우림과 비슷한 기후 조건을 갖추고 있었거든. 말레이시아, 스리랑카, 인도네시아 등에서 재배된 파라고무나무는

5년도 안 되어 고무의 원료를 생산하기 시작했지.

  동남아시아의 천연고무는 브라질의 천연고무보다 값이 싸고 품질이 좋았어. 그래서 제1차 세계 대전이 일어날 쯤에는 세계 고무 시장을 지배하게 되었지. 브라질은 동남아시아의 천연고무와 합성 고무에 밀려 1960년에는 전 세계 고무 생산량의 겨우 2퍼센트를 차지하게 된단다.

  파라고무나무 씨앗을 브라질에서 빼돌린 헨리 위컴은 영국에서 영웅이 되었어. 그 공로를 인정받아 1911년에는 평민에게 주는 작위인 '나이트'를 받았지. 그러나 브라질에서는 헨리 위컴을, 파라고무나무 씨앗을 훔쳐 가 브라질의 고무 산업을 망하게 한 장본인이라고 학교에서 가르친단다.

## 천연고무는 더울 때는 끈적해지고 추울 때는 딱딱해진다고?

19세기에 미국 코네티컷주 뉴헤이븐에는 고무에 미쳤다고 마을 사람들에게 손가락질 받는 남자가 있었어. 이 남자가 평생 고무만 연구한 미국의 발명가 찰스 굿이어야. 그는 1837년 고무 우편 행낭을 만드는 사업을 했어. 하지만 고무는 더울 때는 끈적끈적해지기 때문에 아무 쓸모가 없었어.

'더울 때도 문제지만 추울 때는 딱딱해지고 쉽게 부서져서 큰일이야. 기온의 변화에 견디는 고무를 만들 방법이 없을까?'

그러던 어느 날, 굿이어는 고무와 황을 섞는 실험을 하다가 그만 뜨거운 난로에 고무 덩어리를 떨어뜨렸어. 그런데 고무가 녹기는커녕 탄력이 생긴 거야. 이것을 '가황 처리법'이라 하는데, 우연히 발견한 이 방법으로 고무의 결점을 없앨 수 있었어. 이로 인해 다양한 제품을 만들 수 있었고 고무 산업이 더욱 발전하는 계기가 되었지.

## 각기병
### 닭을 관찰해 각기병 치료법을 찾아내다

각기병은 비타민 B1이 부족해서 생기는 영양실조 증상이다. 입맛이 없고 심한 피로감을 느끼며 다리가 붓고 심하면 마비되기도 한다.

1886년 어느 날이었어. 중요한 임무를 맡은 세 사람이 네덜란드 식민지인 동인도<sup>지금의 인도네시아</sup>를 향해 떠나는 배에 올라탔어. 이름난 의사였던 클레멘스 빙클레르와 코르넬리스 페켈하링, 그리고 이들을 도울 젊은 군의관 크리스티안 에이크만이었어.

1885년 봄부터 동인도에서는 각기병이 유행하기 시작했어. 이 병은 입맛이 없고 소화가 잘 안 되며 심한 피로감을 느끼는 병이야. 스리랑카 말로 '베리베리'라고 부르는데, 팔다리에 힘이 없어진다는 뜻이지. 실제로 이 병에 걸린 환자는 팔다리가 힘이 없고 뻣뻣해지며, 마비되어 걸음을 제대로 걷지도 못하게 돼. 그러다가 증세가 심해지면 심장마비로 목숨을 잃게 된단다.

각기병은 가족 전체가 앓거나 마을 사람 모두가 걸리기도 해서 무시무시한 병으로 알려져 있어. 러일 전쟁 때는 이 병으로 숨진 병사들만 해도 7만 5천 명이나 되었다고 해. 하지만 어째서 이 병에 걸리고 치료법은 무엇인지는 밝혀지지 않았어. 그야말로 정체불명의 병이었지.

에이크만을 비롯한 의사들이 동인도로 급히 파견된 것은 일 년 동안 동인도에 각기병이 급속도로 퍼졌기 때문이야. 그곳에 주둔한 네덜란드 병사들뿐만 아니라 원주민들까지 포함하여 전체의 3분의 1이 각기병에 걸렸거든. 의사들은 각기병의 원인을 조사해 그 치료법을 찾아내려고 동인도에 가게 되었던 거야.

하지만 몇 년 동안 각기병에 대한 연구에 몰두해도 그 병의 원인조차 밝혀낼 수가 없었어. 그러니 치료법은 찾아낼 수가 없었지. 연구에 지친 의사들이 동인도를 떠났지만 에이크만은 그곳에 남아 연구를 계속했어. 그는 바타비아(지금의 자카르타)에 있는 육군 병원 연구소에서 밤낮을 가리지 않고 각기병과 씨름했지.

그러던 어느 날이었어. 잠시 일손을 놓고 창밖으로 시선을 던진 에이크만은 희한한 광경을 보았어. 육군 병원의 양계장 마당에 있는 닭들이 제대로 걷지도 못하고 비틀거리는 거야. 다리가 마비되어 죽은 듯이 엎어져 있는 닭들도 있었어. 마치 각기병 환자를 보는 듯했어.

'닭들이 왜 저러지? 각기병이라도 걸렸나?'

며칠 뒤, 에이크만은 다시 닭들을 관찰하고는 지난번보다 더 크게 놀랐어. 제대로 걷지도 못하던 닭들이 어느새 멀쩡해져서 씩씩하게 마당을 돌아다니는 거야.

'어떻게 이런 일이 생겼지?'

에이크만은 양계장(여러 설비를 갖추고 닭을 먹여 기르는 곳)에 가서 어찌 된 일인지 알아보았어. 그랬더니 육군 병원 식당에서 일하던 조리사가 그만두고 새 조리사가 왔는데, 이전 조리사는 닭들에게 껍질을 벗긴 쌀을 사료로 주었던 반면 새로 온 조리사는 껍질을 벗기지 않은 쌀을 사료로 주었다는 거야.

에이크만은 닭들의 증상이 사람의 각기병과 거의 비슷했기 때문에 각기병 환자들에게 일부러 껍질을 벗기지 않은 쌀을 먹여 보았어. 그러자 놀랍게도 각기병의 증상이 없어진 거야.

'이제 확실히 알겠다. 각기병은 전염병이 아니라 음식물 결핍이 원인인 병이구나. 껍질을 벗긴 쌀을 먹는 사람은 각기병에 걸리지만, 껍질을 벗기지 않은 쌀을 먹는 사람은 이 병에 걸리지 않아.'

저 쌀 껍질에 영양소가 들어 있다는 거지?

에이크만은 쌀의 껍질에 들어 있는 영양소를 섭취해야만 각기병에 걸리지 않음을 확인할 수 있었어.

한편, 영국의 학자 프레더릭 홉킨스는 음식물에는 단백질·탄수화물·지방·무기질 외에 꼭 필요한 보조 영양소가 있다고 발표했어. 이 보조 영양소가 바로 비타민이지. 각기병을 막아 주는 영양소는 비타민 B1이야.

에이크만은 각기병에 대한 연구와 비타민을 발견하게 한 공로로 홉킨스와 함께 1929년 노벨 생리·의학상을 받았단다.

### 괴혈병을 막으려고 영국 해군이 매일 과일 주스를 먹었다고?

괴혈병은 고대부터 있었던 병으로, 이 병에 걸리면 잇몸이나 피부에 피가 나거나 빈혈이 생기기도 해. 선원들이 자주 걸렸는데, 15세기 말에는 많은 사람들이 이 병으로 죽었지.

1753년 스코틀랜드 해군 군의관 제임스 린드는 괴혈병을 치료하거나 예방하려면 오렌지나 레몬을 먹어야 한다는 것을 알아냈어. 그래서 1795년 영국 해군은 괴혈병을 막으려고 날마다 장병들에게 과일 주스를 주었단다.

괴혈병에 걸리지 않으려면 비타민 C를 충분히 섭취해야 하는데, 비타민 C는 오렌지·레몬·토마토·양배추·상추·양파 등 과일과 채소에 많이 들어 있어.

## 반려동물
# 동물을 끔찍이 사랑한 부자들

반려동물은 사람의 곁에서 가족처럼 살아가는 동물을 말한다. 사람들은 동물을 기르면서 정서적으로 의지하기도 하는데, 대표적인 반려동물로 개와 고양이가 있다.

19세기 후반 미국에 개를 몹시 사랑하는 부자가 살고 있었어. 이 부자는 자신의 저택에서 여러 마리 개를 기르고 있었지.

부자는 개들을 위해서라면 아낌없이 돈을 썼어. 개들에게는 늘 최고급 음식을 만들어 먹였고, 개들의 건강을 위해 날마다 체력 단련도 시켰지. 부자는 어떻게 하면 개들을 기쁘고 행복하게 해 줄까 궁리를 거듭했어.

1890년 어느 날, 개들을 데리고 산책을 나선 부자는 동네에서 다른 개들과 마주쳤어. 그런데 부자네 개들이 몹시 반가워하며 동네 개들과 친하게 어울려 노는 거야. 부자는 그 광경을 보고 좋은 생각이 떠올랐어.

'그래, 동네 개들을 집에 초대해 우리 개들과 함께 성대한 파티를 열어 주자. 개들끼리 먹고 마시고, 즐거운 시간을 갖게 해 주는 거야.'

부자는 자기 동네에서 개를 기르는 모든 집에 초대장을 보내고, 며칠 동안 파티 준비를 했어. 개들이 입을 최신 유행 의상을 맞췄으며, 개들이 먹을 진수성찬을 마련했지.

　드디어 파티 날이 돌아왔어. 부자는 저택 안의 널따란 방에 탁자를 차려 놓고 그 위에 살코기, 뼈다귀 등 개가 좋아하는 여러 음식들을 잔뜩 올려 놓았어.

　잠시 뒤 파티가 시작되자 동네의 개들이 우르르 방 안으로 들어왔어. 개들은 부자가 미리 보내 준 화려한 옷을 입고 멋진 신발까지 신고 있었지. 100여 마리나 되는 개들은 음식을 보자 쏜살같이 달려들어 맛있게 먹어 치웠단다. 부자는 그 모습을 아주 흐뭇하게 바라보았지.

　브라질에도 개를 무척 좋아하는 '후레로스'라는 부자가 있었단다. 그는

결혼하지 않아 가족이 없었는데, 미리 이런 내용의 유언장을 써 놓아 친척들을 실망시켰지. "나의 전 재산을 내 사랑하는 개 오스팔에게 물려준다."

오스팔이 병을 앓다가 죽자, 동물을 사랑하는 후레로스는 다시 유언장을 썼어. "나의 전 재산을 내 사랑하는 거북 페페에게 물려준다."

친척들은 유언장의 내용을 듣고 절망하지 않을 수 없었어. 거북은 오래 사는 동물이어서 자신들이 거북보다 먼저 죽을 것이 뻔했기 때문이야.

### 특별한 유언장을 남긴 부자들

미국 뉴욕의 한 부자는 1880년 세상을 떠나며 아주 특별한 유언장을 남겼어. "나의 유언 상속 집행자는 헌 바지 71벌을 뺀 나머지 재산을 조카들에게 나누어 주기 바란다. 헌 바지 71벌은 경매에 붙여 가장 비싼 값에 사겠다는 사람에게 팔아라. 그 대신 한 사람에게 한 벌 이상 팔지 못한다. 여기서 생긴 돈은 가난한 사람들에게 나누어 주어라."

유언 상속 집행자는 부자의 뜻대로 유산을 처분했어. 그런데 경매에서 헌 바지를 산 사람들은 뛸 듯이 기뻐했어. 바지 주머니마다 천 달러의 돈이 들어 있었거든.

또 캐나다의 변호사 찰스 밀러는 괴짜답게 이런 유언장을 남겼어. "내 집은 나와 싸우고 헤어진 세 친구에게 나누어 준다. 그리고 내가 갖고 있는 몬트리올 경마장의 주식은 평소에 경마를 지독히도 싫어한 친구에게 남긴다. 나머지 재산 50만 달러는 캐나다에서 10년간 아이를 가장 많이 낳은 여자에게 준다."

찰스 밀러의 유언은 그대로 지켜졌어. 특히 50만 달러는 캐나다에서 10년간 아이 열아홉을 낳은 네 명의 여자에게 돌아갔지.

### 권투

## 권투 세계 챔피언을 케이오시킨 부인

권투는 두 사람이 양손에 글러브를 끼고 상대편 허리 벨트 위 상체를 쳐서
승부를 겨루는 경기이다. 체급별로 나누어 경기를 진행한다.

　존 설리번은 강펀치를 자랑하는 미국의 권투 선수였어. '보스턴의 쇠주먹'이라고 불릴 만큼 주먹이 세어서, 그에게 제대로 걸리면 케이오(KO)<sub>권투에서 선수가 다운되어 10초 안에 다시 경기를 시작하지 못하는 상태</sub>되지 않는 사람이 없었지.

　설리번은 권투 선수로 데뷔한 뒤 싸우는 족족 이겼어. 그리고 1882년에는 마침내 세계 헤비급 챔피언이 되었지. 헤비급은 권투에서 몸무게가 가장 무거운 체급을 말해. 이때부터 무려 10년 동안 챔피언 자리를 굳건히 지켰어. 천하무적의 세계 챔피언이었지.

　1892년 설리번은 지방을 돌며 시범 경기를 벌이기로 했어. 관객들 가운데 연습 경기를 희망하는 사람들을 링으로 불러들여 2, 3라운드씩 가볍게 경기를 갖는 것이었지.

　설리번은 매사추세츠주 우스터에서 권투 도장을 하는 친구 찰스 콘버스를 찾아가서 이렇게 말했어.

"지방을 도는 순회 경기에 나와 같이 가지 않겠나? 자네한테는 재미있는 구경거리가 될 거야. 참! 자네 부인도 함께 데려가지. 이건 내 아이디어인데, 자네 부인을 링 위에 올려 나와 경기를 가졌으면 좋겠어. 물론 진짜 경기는 아니고 정해진 각본에 따라 연극을 하는 거지."

설리번이 짠 각본은 이런 것이었어. 경기장에서 설리번은 관객들을 향하여 "나와 시합을 할 사람은 누구든지 나서라. 나를 이긴 사람에게는 상금을 주겠다."고 제의하는 거야. 그런 다음 도전자 몇 사람을 차례로 쓰러뜨린 뒤 "세계 챔피언과 맞서 싸울 여성이 있다."면서 찰스 콘버스의 부인인 해시 도나휴를 링 위로 올리는 거지.

설리번은 찰스 콘버스 부부의 승낙을 얻어 함께 순회 경기에 나섰어.

그런데 첫 번째 시범 경기에서 사고가 터지고 말았어. 설리번과의 연습 경기 3회전에서 얼굴에 강펀치를 맞은 해시는, 화가 몹시 나서 설리번의 턱을 맞받아쳤어. 그러자 설리번이 그만 케이오되어 정신을 잃고 몇 분 동안 링 위에 큰대자로 누워 버린 거야.

설리번이 케이오된 것은 난생 처음이었어. 그것도 여자에게 케이오되었으니 해시야말로 대단한 여장부였던 거지.

그 뒤부터는 순회 경기에서 설리번이 해시에게 케이오당하는 장면을 꼭 집어넣었어. 이 장면을 관객들이 가장 좋아하고 통쾌해 했으니까.

이렇게 고친 각본 덕분에 순회 경기는 큰 인기를 얻어 몇 달 동안 계속되었지.

　연극일망정 자꾸 케이오당하는 버릇이 생겨서일까? 설리번은 그해 9월 7일 벌어진 세계 챔피언 방어전에서 도전자 제임스 코르베트의 강펀치를 맞고 케이오되었단다. 결국 그는 10년 동안 지켜 온 챔피언 자리를 내주고 말았지.

## 17세기에 여자가 남자에게 결투를 신청하기도 했다고?

 결투는 무기로 무장하고 벌이는 싸움을 말하지. 증오, 불화, 영광, 명예 회복을 위해 서로가 합의하여 미리 정한 규칙에 따라 싸우는 거야. 이를테면 검은 가늘고 곧은 삼각 날로 한다, 검으로 서로 찌르기를 한다 등의 규칙을 정해 양쪽이 평등한 조건으로 맞서는 거지.

결투는 20세 아래의 소년이나 60세 이상의 노인, 환자, 성직자, 여자는 제외되었단다. 그런데 드물게 여자와 남자, 또는 여자끼리 결투를 하는 경우도 있었어.

17세기에 프랑스에서는 과부였던 생 벨몽 부인이 자신을 사모하는 청년에게 결투를 신청한 일이 있었단다. 그 청년은 산속으로 산딸기를 따러 온 부인을 발견하자 그 앞에 무릎을 꿇고 사랑을 고백했어. 하지만 부인은 기분이 상해 결투를 신청했고, 그 청년을 자기 손으로 죽이고 말았지.

## 소설가 마크 트웨인
# 결혼 승낙을 얻기 위해 수십 번이나 청혼했다고?

미국의 소설가 마크 트웨인은 개구쟁이 소년 톰 소여와 허클베리 핀의 모험을 다룬 동화 『톰 소여의 모험』으로 유명하다. 본래 이름은 새뮤얼 클레먼스이다.

마크 트웨인이 작가로 첫발을 내딛은 것은 1865년 11월이었어. 뉴욕 잡지 『새터데이 프레스』에 단편 소설 「캘리베레스의 명물, 뜀뛰는 개구리」를 발표했는데, 독자들에게 큰 인기를 얻었지.

마크 트웨인은 그 뒤 신문사 특파원으로 외국을 돌아다니며 여행기를 써서 『철부지의 해외 여행기』를 1869년에 펴냈어. 이 여행기는 뛰어난 유머와 문제의식으로 폭발적인 인기를 모았지. 마크 트웨인은 이 책으로 미국에서 가장 사랑받는 작가가 될 수 있었어.

마크 트웨인이 유럽 여행기를 쓰려고 관광선을 타고 유럽으로 떠났을 때의 일이야. 배 안에는 동부의 석탄업자로 큰 부자인 제비스 랭던의 아들 찰스 랭던이 타고 있었어. 마크 트웨인은 찰스의 선실에 들렀다가 벽에 붙은 사진을 보았어. 찰스의 여동생 올리비아의 사진이었지. 마크 트웨인은 그 사진을 보고 첫눈에 반해 버렸단다.

그로부터 몇 달 뒤 그는 랭던 집안에서 열린 뉴욕 저택의 만찬에 참석하여 올리비아를 처음으로 만났어. 올리비아는 사진보다 더 아름다워 보였지.

'며칠이라도 올리비아 곁에 있고 싶어. 좋은 수가 없을까?'

마크 트웨인은 궁리 끝에 연극을 꾸몄어. 만찬이 끝나고 돌아가는 마차에 올라탔다가 일부러 마차에서 떨어진 거야.

마크 트웨인은 큰 부상을 입은 듯 꼼짝하지 않았어. 그렇게 해서 랭던의

저택에 2주일 동안 머물며 올리비아의 간호를 받을 수 있었단다. 마크 트웨인은 이 기회를 놓치지 않고 올리비아에게 결혼 신청을 했어. 그러나 보기 좋게 거절당하고 말았지.

이때부터 마크 트웨인은 올리비아에게 결혼 승낙을 얻기까지 엄청난 노력을 기울여야 했어. 184통의 연애편지를 보냈으며 수십 번 청혼했지. 청혼할 때마다 거절을 당했기 때문이야. 심지어 매일 기도하겠다, 욕을 하지 않고 고운 말을 쓰겠다, 매달 300개비 피우던 담배를 30개비로 줄이겠다는 등 여러 가지 다짐을 하기도 했어. 그리고 올리비아의 부모에게는 자신이 매달 얼마나 돈을 벌고 있으며, 어떤 희망을 가지고 살아가는지 편지에 적어 보냈지. 마크 트웨인은 그런 끈질긴 노력 끝에 마침내 올리비아를 신부로 맞아들일 수 있었단다.

올리비아는 작가의 아내로서 대단히 성실했어. 남편이 쓰는 원고를 읽고 의견을 말하거나 원고 교정을 봐 주었지. 그래서 마크 트웨인은 그날 쓴 원고를 밤마다 아내의 머리맡에 놓아두었어. 그러면 아내는 그 원고를 자기 전에 읽었지.

마크 트웨인은 아내를 무척 아끼고 사랑했어. 아내가 죽기 2년 전에 침대에 누워 지낼 때, 그는 정원의 나무마다 이런 글을 써 붙였단다.

'새들아, 울지 마라. 아내가 자고 있다.'

마크 트웨인은 아내가 있기에 행복했으며, 평생 변함없이 아내를 사랑했어.

## 마크 트웨인은 본명이 아니라 필명이라고?

마크 트웨인은 본명이 '새뮤얼 클레먼스'야. 집에서는 '샘'이라고 불렀지. 1857년 4월, 마크 트웨인은 브라질의 아마존강을 탐험하려고 그곳으로 가는 배편을 알아보기 위해 뉴올리언스로 갔어. 그런데 뉴올리언스에는 아마존강으로 가는 배가 없었지.

실망한 마크 트웨인은 부둣가를 서성대다가, 자신이 타고 온 배인 폴존스호의 뱃길 안내원인 빅스비를 만나 자신을 조수로 써 달라고 사정했어.

빅스비는 거절했지만 간절히 사정하여 마크 트웨인은 그의 조수가 되었지. 그리고 착실히 일을 배워 1859년에는 면허를 따서 정식으로 뱃길 안내원이 되었단다.

'마크 트웨인'이라는 이름은 뱃사람들이 쓰는 말을 따서 붙인 거야. 그것은 '물 깊이 두 길'을 뜻하지. 길은 길이의 단위로 사람 키 정도 길이를 말한단다. 뱃길 안내원이 물의 깊이를 재며 "마크 트웨인!" 하고 외치면, 물 깊이가 두 길이니 가까스로 배를 몰 수 있다는 뜻이었어.

마크 트웨인은 배에서 일하면서 흑인, 농장 주인, 금광 노동자 등 온갖 종류의 사람들을 만났는데, 이 경험이 뒷날 소설을 쓸 때 많은 도움이 되었단다.

## 56

### 무용가 이사도라 던컨
# 맨발의 이사도라, 자유로운 정신세계를 표현하다

이사도라 던컨은 미국 샌프란시스코에서 태어나 거의 혼자서 춤을 배웠으며,
나중에 '자유 무용'이라는 독특한 무용을 만들어 '현대 무용의 어머니'로 불리기도 한다.

발레는 춤으로 이야기를 전하고 어떤 분위기를 표현하거나 음악에 맞추어 공연하는 무용극을 말하지. 발레의 모든 동작과 자세는 다섯 가지 기본자세 가운데 하나로 시작하거나 끝난단다. 그리고 여자 무용수는 발끝으로만 걸어야 하며, 남자 무용수는 여자 무용수를 머리 위로 가볍게 들어 올리지. 줄거리가 있는 발레 공연에서는 화려한 무대 장치를 배경으로 아름다운 음악이 펼쳐지는 가운데, 토슈즈를 신고 코르셋을 입은 무용수들이 여러 가지 멋진 연기를 보여 주지.

르네상스 시대인 15세기 이탈리아에서 생겨난 발레는 19세기까지 큰 인기를 누렸어. 춤이라고 하면 누구나 발레를 생각할 정도였단다. 그러나 미국의 무용가 이사도라는 성장하면서 발레에 대해 부정적인 생각을 갖게 되었어.

'발레는 부자연스러운 동작을 반복해서 보여 주잖아. 기계처럼 짜여진 움직임을 보면 답답하기만 해. 동작이나 형식에 얽매이지 않고 자유로운 움직임을 통해 자신의 감정과 사상을 표현해야 하지 않을까?'

이사도라는 전통적인 무용인 발레에서 벗어나 자기만의 독특한 춤을 만들어야겠다고 생각했단다.

'어린 시절 파도의 움직임에서 춤을 배웠듯이, 자연의 동작을 연구해 춤으로 표현하는 거야. 그렇게 자연스러운 아름다움을 보여 주는 나만의 춤을 만들자.'

1898년 이사도라는 가족들을 모아 놓고 말했어.

"저는 꼭 무용가가 되겠어요. 우리 시카고로 가요."

이사도라는 시카고에서 무용가로 데뷔하겠다는 꿈을 가지고 있었어.

"좋아, 같이 가자. 시카고에서 네 꿈을 마음껏 펼치렴."

어머니는 바로 승낙했어. 이사도라는 단돈 25달러를 들고 가족과 함께 시카고로 갔지.

이사도라는 시카고에 있는 극장들을 찾아다니며 일자리를 구했어. 그러나 이사도라를 무용수로 받아 주겠다는 극장은 하나도 없었어.

몇 주일이 후딱 지나가고 돈은 어느새 다 떨어졌어. 이제는 거리로 나앉을 판이었어.

'어떡하지? 당장 생활비를 구해야 해.'

이사도라는 한숨을 푹푹 쉬며 어느 극장을 찾아갔어. 극장 매니저는 이사도라의 말을 듣고 나서 거만하게 말했어.

"무용수가 되고 싶다? 일자리가 있긴 한데……. 주름치마를 입고 다리를 들어 올리는 춤이라도 추겠소?"

이사도라는 몇 끼를 굶어 쓰러질 것 같았어. 그래서 그 자리에서 승낙하고 선불을 받았지.

이사도라의 공연은 성공이었어. 공연을 보려고 날마다 관객들이 몰려들었어. 일주일 공연이 끝나자 매니저가 말했어.

"계약을 연장합시다. 출연료는 두 배 더 드리지요."

"싫습니다. 이런 공연은 두 번 다시 하고 싶지 않습니다."

이사도라는 그 자리에서 거절하고 극장에서 나왔어. 그 다음 얻은 일자리는 뉴욕의 팬터마임<sub>대사 없이 표정과 몸짓으로만 내용을 전하는 연극</sub> 극단 배우였어. 그녀는 〈한여름 밤의 꿈〉에서 요정이 되어 연기를 했지.

'팬터마임은 무언극이어서 그런지 꼭 꼭두각시놀음<sub>인형을 무대에 세우고 무대 뒤에서 사람이 조종하는 인형극</sub> 같아.'

팬터마임에 실망한 이사도라는 1899년 5월 유럽을 향해 떠났어. 여비가 모자라 여객선 대신 가축 수송선을 타고 온 가족이 영국 런던으로 갔어.

이사도라는 영국에 가서야 그 재능을 인정받았어. 런던의 이름난 예술가들 앞에서 자신의 춤을 선보였는데, 모두들 환호를 보낸 거야.

이사도라는 맨발로 자유롭게 춤을 추었어. 형식에 얽매이지 않는 아름다운 춤에 모든 사람이 열광했어. 이때부터 이사도라에게는 '맨발의 이사도라'라는 별명이 생겼단다. 프랑스 파리에서도 공연을 하여 절찬을 받았으며, 유럽 순회공연에 나서 오스트리아 빈, 헝가리 부다페스트, 독일 뮌헨

등지에서 대단한 성공을 거두었어.

  이사도라는 이제 세계적인 무용가가 되었어. 그녀는 코르셋을 과감하게 벗어던지고 새로운 무용을 선보여 세계 무용계에 충격을 주었어. 20세기 현대 무용은 이사도라로부터 시작되었지.

  이사도라는 무용을 통해 자유로운 정신세계를 표현했으며, 춤이 삶의 표현이라는 것을 보여 주었다는 평가를 받고 있어.

## 기계적인 춤은 추고 싶지 않다?

  이사도라는 정식으로 무용을 배운 적이 없었어. 머리에 떠오르는 대로 춤을 만들어 자신만의 춤을 추었지. 어린 시절 어머니는 이사도라가 무용에 재능이 있음을 알고, 샌프란시스코에 사는 발레 선생님을 찾아가 무용을 배우게 했어.

발레 선생님은 이사도라를 위아래로 훑어보더니 발끝으로 서 보게 했어. 그러자 이사도라는 왜 발끝으로 서야 하느냐며 고개를 갸웃거렸어.

"딱딱하고 부자연스러운 동작을 하는데 그 모습이 아름답다고요? 오히려 자연에 어긋나는 일이고 추하지 않나요? 저는 체조 같은 그런 기계적인 춤은 추고 싶지 않아요."

이사도라는 이렇게 말하고 발레 선생님의 강습소에서 나와 버렸다는구나.

## 드레퓌스 사건
## 반역죄를 뒤집어쓰고 악마의 섬에 갇힌 드레퓌스

1894년 프랑스에서 일어난 정치 사건으로, 유대인 드레퓌스 대위의 독일 간첩 혐의를 둘러싸고 프랑스 정치계가 심하게 대립했다. 드레퓌스는 무죄가 밝혀졌다.

    1894년 9월 말쯤, 파리에 있는 독일 대사관에서 일하는 한 여자 청소부가 휴지통에서 편지 한 통을 찾아냈어. 그것은 익명의 발신인이 독일 대사관 무관에게 보낸 편지로, 프랑스의 군사 기밀이 적혀 있었어. 이 청소부는 독일 대사관에 위장 취업한 간첩이었기에, 이 편지를 프랑스군 참모 본부의 정보부 책임자인 상데르 대령에게 전했지. 프랑스군 참모 본부는 발칵 뒤집혔어. 참모 본부에 반역자가 있어 전쟁에서 가장 중요한 포병 부대의 군사 기밀이 적국 독일에 넘어갔기 때문이야.

    "군사 기밀을 빼돌린 반역자는 누구일까?"

    프랑스군 참모 본부에서는 범인을 찾는 일에 나선 끝에 마침 본부에서 일하고 있던 알프레드 드레퓌스 대위를 범인이라고 단정 지었어. 드레퓌스의 글씨체가 편지의 글씨체와 비슷한 데다, 드레퓌스가 유대인유대교를 믿

민주주의에 눈을 뜨고 산업이 발달한 근대 **97**

는 민족, 전 세계에 흩어져 살다가 1948년에 팔레스타인에 이스라엘을 세워 살고 있음이었기 때문이야. 당시에 참모 본부 안에는 유대인을 미워하는 장교들이 많았어. 그래서 제대로 조사를 하지도 않고 드레퓌스를 범인이라고 몰아세웠던 거야.

1894년 12월 19일 세르슈미디 육군 교도소에서 드레퓌스에 대한 군사 재판이 열렸어. 이 재판에는 장교 일곱 명이 판사로 임명되었는데, 재판장은 모렐 대령이었어. 재판은 비공개로 진행되었지. 드레퓌스는 자신의 무죄를 강하게 주장했는데, 잇따른 증인들의 증언은 그를 당혹스럽게 했어. 드레퓌스의 동료 장교들은 한결같이 드레퓌스를 의심했어.

"드레퓌스는 배신자입니다. 그는 유대인이기 때문에 언젠가 반역의 길로 들어설 줄 알았습니다. 우리가 잘 아는 사실이지만 반역자는 언제나 유대인이지 않습니까?"

재판은 나흘 동안 계속되었고, 마지막 날인 12월 22일에 판결이 내려졌어.

"드레퓌스는 국가 반역죄로 재판관 전원 일치로 계급을 박탈해 불명예 제대시키며 종신 유배형에 처한다."

드레퓌스는 판결이 내려지기 전에 마지막 진술을 했어.

"나는 무죄입니다."

드레퓌스의 변호인은 바로 상고판결에 불복하여 상급 법원에 판결의 재심사를 신청함를 했지만 12월 31일 기각되었어. 그리하여 형은 확정되었지. 1895년 드레퓌스는 3개월의 항해 끝에 4월 13일 어느 섬에 도착했어. 남아메리카의 프랑스령 기아나 앞바다에 있는 이른바 '악마의 섬'이었지. 드레퓌스는 이 '악마의 섬'에서 유배 생활을 시작했어. 종신 유배형을 선고받았으니 죽을 때까지 이 섬에 갇혀 있어야 하는 거야.

　드레퓌스가 '악마의 섬'으로 유배를 떠난 지 6개월쯤 지난 1895년 7월의 어느 날이었어. 프랑스군 참모 본부의 정보부 책임자로 부임한 피카르 중령은 우연히 드레퓌스 사건 자료를 보다가 놀라운 사실을 발견했어. 드레퓌스가 썼다는 편지의 글씨체가 보병 대대장인 에스테라지 소령의 글씨체와 똑같은 거야. 피카르는 1년여 동안 드레퓌스 사건을 다시 조사했어. 그랬더니 드레퓌스가 간첩이 아니라 에스테라지가 진짜 범인이었어.

　피카르는 이런 사실을 상부에 보고했지. 그러나 참모 본부나 국방부의 고위층은 드레퓌스 사건의 진실이 밝혀지는 것을 원하지 않았어. 드레퓌스가 범인이 아니라는 사실이 알려지면, 잘못된 수사를 한 자신들이 곤경에 처할 수 있어서였어. 그래서 그들은 1896년 말에 피카르를 북아프리카의 튀니지에 주둔한 프랑스군 부대로 전출시켜 버렸단다. 그러나 피카르는 북아프리카로 떠나기 전에 변호사 친구를 만나 드레퓌스 사건의 진실을 털어놓았어. 친구는 곧바로 상원 부의장 슈렐 케스트네르 의원을 만났고 케스트네르 의원은 드레퓌스 사건에 대한 재심 운동을 시작했어. 드레퓌스가 진짜 범인이 아니기 때문에 다시 재판을 해야 한다는 것이었어.

　1898년 1월 10일 에스테라지에 대한 군사 재판이 열렸지만 판결은 무죄였어. 에스테라지 재판이 진행되는 중에 드레퓌스가 프랑스의 군사 기밀을 이탈리아에도 넘겼다는 것을 알 수 있는 편지가 발견되었는데, 사실 이 편지는 프랑스군 참모 본부의 앙리 소령이 조작한 거짓 증거였어. 이렇게 해서 이번 사건의 진짜 범인인 에스테라지가 무죄로 풀려난 거지.

그 뒤 드레퓌스 사건은 새로운 국면에 접어들었어. 드레퓌스의 유죄 증거로 채택되었던 편지가 앙리 소령이 조작한 가짜로 밝혀지더니, 체포된 앙리 소령이 감옥에서 스스로 목숨을 끊은 거야. 그뿐만이 아니었어. 위협을 느낀 에스테라지가 영국으로 달아났고, 국방장관이 책임을 지고 그만두었단다.

이렇게 되자 프랑스에서는 드레퓌스의 무죄를 믿는 사람들이 많이 늘어났어. 그리고 드레퓌스 재판을 다시 해야 한다는 목소리가 높아졌지.

1899년 6월 3일 프랑스 고등 법원은 1894년 12월 22일의 선고는 무효라고 선언했어. 그해 8월 7일 렌의 시립 고등학교 강당에서는 드레퓌스에 대한 군사 재판이 열렸는데, 드레퓌스가 법정에 나타나자 사람들은 깜짝 놀랐단다.

"아니, 저 남자가 드레퓌스야? 머리카락이 백발로 변해 버렸네."

"드레퓌스는 겨우 마흔 살인데 늙은이처럼 보이는걸. 그동안 고생이 많았나 봐."

재판은 9월 8일까지 계속되었는데 드레퓌스는 이번에도 피눈물을 삼켜야 했어. 재판관들은 5대 2로 드레퓌스의 유죄를 결정하고 10년형을 선고했어.

이 소식이 전해지자 세계가 분노했어. 최악의 판결이라며 전 세계 프랑스 대사관 및 영사관에는 항의 인파가 몰렸으며, 파리에서 개최 예정인 만국 박람회를 보이콧공동으로 어떤 일을 받아들이지 않고 물리치는 행동하자는 움직임이 있었어.

프랑스 정부는 결국 백기를 들었지. 1899년 9월 19일 드레퓌스를 특사로 석방했으며, 그해 12월에는 사면령을 내렸어. 7년 뒤에는 프랑스 최고 재판소에서 드레퓌스의 모든 유죄 판결이 무효라고 발표했어.

## 드레퓌스의 무죄를 주장한 에밀 졸라

   프랑스의 유명한 소설가 에밀 졸라는 드레퓌스 사건에 대해 알고 나서 1898년 대통령에게 보내는 공개편지 「나는 고발한다」를 썼어. 그는 이 편지에서 드레퓌스의 무죄를 주장하며 국방장관·장군·장교 등 이 사건과 관련된 많은 사람들을 고발했지. 프랑스 사회는 졸라의 글로 드레퓌스의 무죄를 주장하는 사람들과 유죄를 주장하는 사람들로 나뉘었어. 드레퓌스의 무죄를 주장하는 사람들은 반정부 투쟁을 했으며, 드레퓌스의 유죄를 주장하는 사람들은 유대인 상점을 약탈하고 졸라의 신문 기사를 불태우는 항의 집회를 열었지.

  졸라는 공개편지 때문에 명예훼손죄로 고소당해 유죄 판결을 받게 되어 일 년 동안 영국으로 망명을 떠났어. 그러나 공개편지를 계기로 드레퓌스의 무죄를 주장하는 사람들이 많이 늘어나, 드레퓌스는 다시 재판을 받게 되었지. 졸라는 이 일로 인해 '행동하는 지식인'으로 더욱 유명해졌단다.

## 반유대주의
### 드레퓌스를 희생양으로 만든 인종 차별

반유대주의는 유대인을 향한 차별과 증오를 가리키는 말이다. 개인적인 증오부터 홀로코스트, 포그롬 등의 폭력적인 박해까지 여러 예가 있다.

　반유대주의는 유대인이 살고 있는 나라의 사회 모든 분야에서 유대인을 차별하고 배척하려는 운동과 이념을 가리키는 말이야. 오랜 옛날부터 팔레스타인을 제외하고 유대인이 모여 사는 곳이라면 어디나 유대인을 미워하고 배척하는 경우가 많았지.

　그 이유는 여러 가지가 있는데, 먼저 종교적인 이유를 들 수 있어. 초기 기독교인들에게는 유대인이 예수를 십자가에 못 박은 죄인들이었어. 그리고 로마 제국이 기독교인들을 탄압할 때 유대인들이 그것을 방조했다는 것이지. 따라서 이런 종교적 입장은 오랜 세월 반유대주의를 정당화하는 근거가 되었단다.

　12세기에 와서는 유대인들이 유월절<sub>이스라엘 민족이 이집트에서 탈출한 일을 기념하는 유대교의 축제일</sub> 때 기독교인을 죽여 종교 의식을 행한다는 헛소문이 유럽에 퍼

민주주의에 눈을 뜨고 산업이 발달한 근대 **103**

졌어. 게다가 14세기에 흑사병이 전 유럽에 번지면서 유대인들이 우물에 독약을 탔다는 소문까지 나돌았지. 이렇게 유대인들은 죄인의 누명을 쓰고 보복을 당하거나 쫓겨 다닐 수밖에 없었어.

더욱이 유대인들은 기독교인들에게 밀려나 농사를 짓거나 장사를 할 수 없었어. 그래서 할 수 없이 이들이 택한 직업이 남에게 돈을 빌려주고 이자를 받는 고리대금업이었지. 그러자 유대인에게는 악덕 고리대금업자라는 낙인이 찍혀 반유대주의는 20세기까지 이어져 왔단다.

1933년 독일에서 정권을 잡은 히틀러는 유대인을 박해하는 일에 나섰어. 유대인은 지방 정부, 법원, 대학에서 쫓아냈으며, 유대인 소유 기업은 파산에 이르게 했지.

또한 1935년 뉘른베르크에서 열린 나치당 집회에서 유대인에 대한 인종

차별을 승인한 '뉘른베르크법'이 통과되었어. 이 법으로 유대인은 독일 시민권을 잃었으며, 유대인과 독일인의 결혼을 금지했지. 히틀러는 독일 민족인 아리안족을 세계에서 가장 우수한 인종으로, 유대인을 세계에서 가장 열등한 인종으로 여겼기에, 우수한 아리안족의 혈통을 파괴할 수 없다는 것이 이유였어.

유대인은 직업을 얻을 수도 없고, 학교에 다닐 수도 없었어. 도서관·박물관에도 갈 수 없었어. 식당·찻집·상점 등에는 '유대인 출입 금지' 팻말이 붙었어. 또한 유대인이 아닌 사람과는 사귈 수도 없었어.

나치는 수많은 유대인들을 '게토'라고 불리는 곳으로 강제 이주시켰어. 유대인들은 군인이 지키고 철조망이 둘러진 곳에서 갇혀 살아야 했지. 독일에서는 6세 이상의 모든 유대인에게 '다윗의 별'이라는 노란색 배지를

나치는 우리 유대인들을 강제 수용소에 가두고 학살했어!

옷에 달고 다니게 했어.

　나치의 유대인 박해는 여기에 그치지 않았어. 제2차 세계 대전 중에는 가장 열등한 인종을 잡아 없앤다며 '유대인 사냥'에 나선 거야. 그들은 독일 및 독일 점령 지역에 수백 개의 강제 수용소를 세우고 유대인들을 집단 학살했어. 그렇게 나치에게 희생된 유대인이 무려 420만 명에서 570만 명이야. 나치의 이러한 끔찍한 유대인 대학살을 '홀로코스트'라고 해. 라틴 말로 '완전히 태워 바치는 희생 재물'이라는 뜻이지.

　프랑스에서는 프랑스 혁명 이후인 19세기에 유대인을 차별하는 법을 없앴어. 그리하여 유대인들은 프랑스 사람들과 똑같이 법 앞에서 평등한 대우를 받았지. 하지만 프랑스에는 유대인을 미워하고 차별하는 사람들이 여전히 많이 있었어. 이들은 유대인을 '침입자, 탐욕스러운 기생충, 배신자, 부도덕하고 비열한 사람'이라고 부르며 반유대주의에 발 벗고 나섰어. 유대인이 운영하는 상점들에 대한 불매 운동을 벌이는가 하면, '반유대주의 연맹'이라는 단체까지 만들었지.

　이런 때 드레퓌스 사건이 일어났으니, 당시 신문과 잡지는 기다렸다는 듯이 반유대주의에 불을 붙였지. 드레퓌스에 대한 재판이 아직 시작되지도 않았는데, 드레퓌스를 유대인이라는 이유로 유죄라 단정하고 여론 재판을 시작한 거야. 유대인이라면 그런 엄청난 반역죄를 충분히 저지를 수 있다는 것이었지. 결국 드레퓌스는 반유대주의의 희생양이 되어 죄를 뒤집어쓸 수밖에 없었단다.

## 2천 년 이상 전 세계를 유랑한 유대인

예수 그리스도가 십자가에 못 박히기 위해 골고다 언덕을 올라갈 때의 일이야. 골고다 언덕으로 오르는 길에는 빌라도 총독의 저택이 있었어. 예수는 십자가를 짊어진 채 걸어가고 있었기에 무척이나 힘들고 피곤했지. 그래서 저택 앞에 잠시 멈춰 서서 쉬어 가려고 했어. 그런데 빌라도 총독의 저택 문지기가 썩 꺼지라며 예수를 쫓아내는 거야.

그때 예수는 이렇게 말하고 그 자리를 떠났단다.

"가라면 가지요. 하지만 당신은 내가 다시 올 때까지 계속 떠돌아다니게 될 것이오."

문지기는 유대인이었어. 이때부터 유대인은 유랑의 길에 나서 오랜 세월 전 세계를 떠돌아다니게 되었다는구나. 유대 민족은 오랜 옛날부터 유랑 민족으로 유명했어. 이집트에서 노예 생활을 하는가 하면, 포로가 되어 바빌론으로 끌려가기도 했지. 또한 로마 제국에 패망하여 예루살렘에서 쫓겨나, 2천 년 이상 전 세계로 유랑하며 살았어. 그러나 유대 민족은 1948년 마침내 팔레스타인에 이스라엘을 세움으로써 오랜 유랑 생활에 종지부를 찍을 수 있었단다.

## 장티푸스
### 장티푸스 때문에 한 여인이 평생 갇혀 살았다?

장티푸스는 장티푸스균에 의해 전염되는 급성 전염병이다.
1~3주의 잠복기를 지나 고열, 설사, 복통, 장출혈 같은 증상이 발생한다.

　1906년 미국 뉴욕에서는 장티푸스가 유행했어. 3,467명이 감염되었으며 639명이 목숨을 잃었지.

　뉴욕의 공중 보건국은 비상이 걸렸어. 뉴욕시는 전염병의 확산을 막기 위해 공중위생 전문가를 고용했는데, 그가 바로 조지 소퍼 박사였어.

　소퍼는 오염된 도랑을 치우고 고여 있는 웅덩이를 메우는 등 도시를 청결하게 함으로써 한 달 만에 장티푸스의 유행을 막을 수 있었어.

　소퍼는 누가 장티푸스를 옮기는지 감염원을 찾는 일에도 나섰어. 그리하여 장티푸스를 앓았던 은행가 찰스 워렌의 집에서 일한 여자 요리사 메리 말론을 찾아냈어. 그녀가 일하는 동안 찰스 워렌의 가족 세 사람과 하인 세 사람이 장티푸스에 감염되었다가 모두 나았단다.

　메리 말론은 아일랜드에서 미국으로 이민 온 마흔 살 된 독신 여인이었어. 키가 크고 뚱뚱했으며 매우 무뚝뚝했어. 부잣집들을 옮겨 다니며 요리사로 일하고 있었지.

소퍼가 메리 말론을 찾아냈을 때 그녀는 뉴욕 파크 애비뉴의 어느 부잣집에서 일하고 있었어. 그때 부잣집 가족들은 장티푸스를 심하게 앓고 있었어. 그중 딸 하나가 결국 숨을 거두었지. 메리는 건강했지만 알고 보니 장티푸스균을 몸에 지닌 보균자였어. 그녀는 1900년부터 1906년까지 여덟 군데 집을 옮겨 다니며 53명에게 장티푸스를 전염시켰고, 그 가운데 3명이 목숨을 잃었어.

결국 메리는 공중 보건국에 의해 노스브라더섬의 병원에 연금되었어. 연금이란 외부와의 접촉을 금지하지만 일정한 공간에서는 신체의 자유를 허락하는 비교적 가벼운 감금을 말해. 뉴욕의 신문들은 메리를 '미국에서 가장 위험한 여성'이라며 대서특필했고, '장티푸스 메리'라는 별명을 붙여 주었어. 연재만화에서는 메리를 핫도그만 한 장티푸스균을 스토브 위에서 굽는 마녀로 그려 놓기도 했어.

1910년 메리는 절대 요리사로 일하지 않고, 한 달에 세 번 공중 보건국에 연락하겠다는 조건으로 병원에서 석방되었어. 하지만 그녀는 곧 종적을 감춰 버렸지. 메리가 공중 보건국에 다시 붙잡힌 것은 1915년이었어. '브라운 부인'이라는 가명을 쓰며 요리사로 일했다고 해. 그 사이 다시 여러 명이 장티푸스에 감염되었지. 공중 보건국은 추가 전염을 막기 위해 메리를 다시 노스브라더섬의 병원으로 보냈어. 메리는 이 병원에서 1938년 11월 숨을 거둘 때까지 23년 동안 갇혀 살았다는구나.

증상이 없는 슈퍼 보균자라니 조심해야 해!

## 해마다 6만 명 이상 목숨을 잃는 무서운 전염병, 장티푸스

장티푸스균은 주로 오염된 물이나 음식을 통해 사람들에게 전염되지. 옛날에 발진티푸스와 비슷한 병이라고 해서 그런 이름이 붙었어. 이 병에 걸리면 1~3주의 잠복기를 거쳐 고열·두통·식욕 감퇴·느린 맥박·마른 기침 등의 증상이 나타나지. 제때 치료를 받으면 대부분 낫지만, 치료하지 않으면 환자 네 명 가운데 한 명이 목숨을 잃는단다.

장티푸스는 해마다 전 세계에서 1천 600만 명의 환자가 발생하여 6만 명 이상이 목숨을 잃는 무서운 전염병이야. 주로 아프리카·동남아시아·중남미·인도 등 개발 도상국에서 발생하고 있어.

장티푸스 환자 가운데 5퍼센트는 장기 보균자로 남아 있어. 이들은 병균을 배출하기는 하지만, 병에 걸렸음을 알 수 있는 증상이 나타나지 않는단다. 이들을 '건강 보균자'라고 하는데, 메리 맬론이 대표적이지.

시끌벅적 사건으로 배우는 어린이 세계사 2

갈등을 넘어 자유롭고 개성 있는

# 현대

두 차례 세계 대전을 치른 뒤, 세계는
전쟁으로 폐허가 된 지역들을 복구하기 위해 노력했어.
과학 기술과 정보 통신이 발달해
세계는 하나의 생활권으로 통합되었고
모든 면에서 서로 큰 영향을 주고받게 되었어.
개인들은 여가를 즐기고 삶이 풍요로워졌지만
사회는 정치 분쟁, 인종 갈등, 기후 변화 등
여전히 많은 문제를 안고 있단다.

### 재난 사고
## 바닷속으로 가라앉은 호화 여객선, 타이타닉호

1912년 당시 최신 과학 기술로 만든 영국 여객선 타이타닉호가 빙산과 충돌해 침몰하면서 많은 사람들이 충격에 빠졌다. 이 사고로 천 명이 넘는 승객과 승무원이 사망했다.

    1912년 4월 10일, 영국 남부 해안의 항구 도시인 사우샘프턴에서는 어마어마하게 큰 배 한 척이 미국 뉴욕을 향해 항해를 시작했어.

    이 배는 세계 최고의 호화 여객선인 '타이타닉호'였지. 영국의 화이트 스타 해운 회사에서 1911년에 750만 달러를 들여 만들었는데, 당시 세계 제일의 군함보다 두 배나 큰, 세계에서 가장 큰 배였어. 총 톤수 46,328톤, 전체 길이 259.08미터, 폭 28.19미터, 깊이 19.66미터로 승객만 해도 3천 명 이상을 태울 수 있었지. 배 안에는 호화로운 객실과 레스토랑, 오락실을 갖추고 있었으며, 부유한 승객들을 위한 수영장과 체육관, 개인 산책로까지 준비되어 있었지. 영국과 미국의 저명인사나 큰 부자들이 이용할 만한 배였어.

    이날 항해는 타이타닉호의 첫 항해였어. 배에는 승객과 승무원을 포함하여 2,208명이 타고 있었는데, 그중에는 미국의 광산 왕인 구겐하임, 세계에서 가장 유명한 백화점 사장 스트라우스, 영국 명문 집안의 귀족 코즈모 경, 필라델피아의 갑부 와이드너 등의 부자와 귀족 들이 있었지.

영국 사우샘프턴에서 미국 뉴욕까지 일주일쯤 걸리는 항해였어. 승객들은 낮에는 갑판에서 '가라앉지 않는 배'라고 소문난 배의 쾌속 질주를 즐겼으며, 밤에는 레스토랑에서 고급 요리를 먹고 댄스 파티를 즐기거나 게임을 했지.

타이타닉호는 북대서양을 가로질러 22노트<sub>배의 속도를 나타내는 단위. 1노트는 한 시간에 1,852미터를 달리는 속도</sub>의 빠른 속도로 나아갔어. 그런데 4월 14일 오후 11시 40분, 선원들은 코앞에 나타난 큰 빙산을 발견했지. 빙산을 피하기에는 이미 너무 늦은 때였어. 배는 빙산에 정면으로 부딪혀 100미터나 되는 커다란 구멍이 뚫리고, 방수 구획실이 세 개나 파손된 거야.

배는 바닷속으로 가라앉을 수밖에 없었어. 배의 무선 기사는 선장의 명령에 따라 에스오에스(SOS) 신호를 보냈고, 근처를 항해하던 카르파티아호가 신호를 듣고 현장으로 달려왔단다. 하지만 그때는 이미 타이타닉호가 바닷속으로 가라앉은 지 두 시간이 지난 뒤였어.

타이타닉호에는 18척의 구명보트가 있었는데, 여기에는 전체 승객 가운데 3분의 1만 탈 수 있었지. 승객 수에 비해 구명보트의 숫자가 턱없이 적었던 거야. 1등실 산책로에서 바다 풍경이 보이지 않는다는 이유로 구명보트를 빼 버린 것이 그 이유였지.

타이타닉호의 승객들은 구명보트가 바다에 던져지자, 여자와 아이 들을

먼저 구명보트에 태웠어. 남자들은 대부분 배 안에 남아, 바닷속으로 가라앉는 타이타닉호와 운명을 같이했지. 타이타닉호는 빙산에 부딪힌 지 2시간 40분 만에 완전히 침몰했어. 뒤늦게 현장으로 달려온 카르파티아호는 구명보트를 탄 사람들을 구조했는데, 생존자는 모두 695명이었어.

이 타이타닉호 침몰 사고는 세계 최대의 해난<sup>항해 중인 배의 선체, 사람, 화물 따위에 생기는 재난</sup> 사고로 역사에 기록되어 있단다.

## 타이타닉호 침몰 사고를 예언한 사람들이 있다고?

1898년 영국의 작가 모건 로버트슨의 『무용지물』이라는 소설에는 놀랍게도 이런 내용이 있었어.

"1898년 4월, 세계 제일의 호화 여객선 타이타닉호가 사우샘프턴을 출발해 첫 항해를 시작했다. 이 배는 세계 최대의 규모로 '가라앉지 않는 배'로 알려졌는데, 북대서양을 항해하다가 빙산에 정면으로 부딪혀 침몰하고 말았다. 승객과 승무원을 포함해 3천 명이었는데, 구명보트가 24척에 불과해 많은 승객들이 목숨을 잃었다."

작가는 소설에서 14년 뒤 같은 달에 '타이타닉호'가 북대서양에서 빙산에 부딪혀 침몰할 것을 미리 예언한 셈이었지.

또한 타이타닉호 승선을 예약한 승객 가운데 오커너라는 영국 사업가가 있었어. 그는 미국으로 출장을 떠나기 전에 타이타닉호가 바닷속에 가라앉아 승객들이 목숨을 잃는 꿈을 꾼 거야. 불길한 생각이 든 그는 출장을 뒤로 미루고 예약을 취소했지. 오커너는 꿈 덕분에 목숨을 건질 수 있었단다.

## 가짜 화석 사건
# 자연사 박물관도 인정한 화석이 가짜였다?

영국의 찰스 도슨은 조각난 뼈들을 모아 원시 인류의 화석이라고 속여
오랫동안 고생물학계의 인정을 받았다. 오랜 시간 뒤에 이것은 가짜로 밝혀졌다.

1912년 12월 18일, 영국의 런던 지질학회 모임에서 찰스 도슨이라는 학자가 중대 발표를 했어.

"제가 서식스 지방의 필트다운에서 오래된 화석 인류를 발굴했습니다. 이것이 두개골 조각들과 턱뼈입니다."

도슨은 법무사<sub>법원이나 검찰청 등에 제출하는 서류를 작성하는 일을 직업으로 하는 사람</sub>로 일하면서 화석을 연구하는 아마추어 고고학자였어. 그는 필트다운의 바크햄 정원의 재산 관리를 해 주느라 그곳을 자주 드나들었지. 바크햄 정원에는 자갈 채취장이 있었는데, 하루는 그곳 일꾼이 자기한테 무언가를 내밀며 이런 말을 하더라는 거야.

"이상한 물건이 나오면 알려 달라고 하셨죠? 별것 아니에요. 코코아 열매 껍데기예요."

도슨은 물건을 건네받고 깜짝 놀랐어. 그것은 코코아 열매 껍데기가 아니라 무척 오래된 뼛조각이었거든.

도슨은 그 뼛조각이 인류 조상의 것일지도 모른다는 생각을 했어. 그래서 친구이자 런던 자연사 박물관의 지질학 관리자인 스미스 우드워드, 고생물학자인 피에르 테이아르 드 샤르댕 등과 자갈 채취장에서 발굴 작업을 했지. 그래서 두개골 조각들과 턱뼈를 더 찾아내고 이것이 지금으로부터 50만 년 전쯤의 화석 인류임을 확인했어.

당시에는 학자들이 진화론에 따라 인류를 원숭이의 후예로 보고 있었어. 그래서 도슨이 발표한 이 화석 인류가 원숭이와 인류 사이를 잇는 존재일 거라고 추정했지. 그러나 반대 의견도 적지 않았어. 화석 인류의 두개골은 인간의 것이었지만, 턱뼈는 원숭이의 것과 아주 닮았거든. 따라서 화석 인류로 보기에는 모순이라는 거였지.

하지만 이것을 가짜라고 보는 사람은 아무도 없었어. 이 화석 인류가 발굴된 곳의 이름을 붙여 '필트다운인'이라고 부르며 대부분 그 존재를 인정했지. 필트다운인에 관한 논문이 200여 편이나 발표될 정도였어.

도슨, 우드워드, 샤르댕, 이 세 사람은 대단한 업적을 남겼다고 정부로부터 기사 작위까지 받았어. 특히 도슨은 고고학자로서 큰 명성을 얻었고, 1916년 세상을 뜰 때 모두들 그의 죽음을 아쉬워했지.

하지만 영원한 비밀은 없다고 했던가? 세월이 흘러 화석 인류가 계속 발견되면서 필트다운인에 대해 많은 학자들이 의문을 제기했어. 다른 화석 인류들은 뇌가 작고 이가 발달해 있는데, 필트다운인은 그 반대라는 거야.

    1950년대에 영국의 인류학자 케네스 오클리 등의 학자들은 화학 실험을 하여 필트다운인의 진실을 알아냈어. 두개골은 인간의 것이지만 턱뼈는 오랑우탄의 것으로, 정교하게 붙여 놓았다는 거야. 그리고 뼈들을 오래된 듯 보이게 하려고 약품 처리를 했으며, 이빨은 쇠줄로 깎아 다듬은 것으로 드러났어. 말하자면 가짜 화석 인류를 만들어 필트다운의 자갈 채취장에 묻어 놓았던 거지.

    왜 이런 사기극을 꾸몄을까? 도슨을 비롯한 범인들은 진실을 밝히지 않고 이미 세상을 떠났기 때문에 이 사건은 그냥 묻히고 말았지.

## 상대를 골탕 먹이려고 만든 가짜 화석

 독일 뷔르츠부르크 대학 교수인 요한 베링거는 화석을 수집하여 연구하는 고생물학자였어. 1725년 어느 날, 어린 소년들이 베링거 교수의 연구실을 찾아와 근처 채석장에서 주운 돌 몇 개를 보여 주었어.

베링거 교수는 돌을 받아 들고 흥분을 감추지 못했어. 그것은 여러 가지 동물의 화석이었거든.

다음 날부터 베링거 교수는 채석장에서 살다시피 했어. 열심히 화석을 찾아 헤맸는데, 운 좋게도 여러 동물, 식물의 화석이 쏟아져 나왔지. 베링거 교수는 이렇게 수집한 화석들을 정리·기록하여 1726년 책을 펴냈단다.

그러던 어느 날, 채석장을 찾은 베링거 교수는 하마터면 기절할 뻔했어. 화석 하나를 캐냈는데 자기 이름이 새겨져 있지 않겠어? 그제야 베링거 교수는 정신이 번쩍 들었어. 화석을 들고 찾아왔던 소년들을 찾아가 알아보니 찾아낸 화석들이 모두 가짜라는 거야. 뷔르츠부르크 대학에는 베링거 교수와 사이가 나쁜 동료 교수가 있었는데, 그가 오만불손한 태도를 보이는 베링거 교수를 골탕 먹이려고 일을 꾸몄던 거야. 소년들에게 동물, 식물 모양이 새겨진 가짜 화석을 잔뜩 만들어 채석장에 묻어 두게 한 거지.

베링거 교수는 죽기 얼마 전까지 자신이 펴내 뿌린 책들을 거두어들이려고 바쁘게 돌아다녔다는구나.

## 문신

### 문신을 하지 않으면 조상신이 노한다?

살갗을 바늘로 찔러 먹물이나 물감으로 글씨, 그림 등을 새긴 것을 문신이라 한다.
원시 전통 사회에서는 주술이나 장식 목적으로 문신을 많이 했다.

20세기 초 일본군이 타이완을 점령해 총독부를 세웠을 때의 일이야.

타이완에는 고산족이 살고 있었는데, 고산족은 얼굴에 문신을 하는 풍습이 있었어. 결혼한 지 3, 4년쯤 지나면 남자는 턱 밑에 파란색 문신을 새겨 넣고 이빨을 까맣게 칠했어. 여자는 입술부터 두 뺨에 망사형 무늬의 문신을 새겨 넣었지. 이렇게 얼굴에 문신을 하는 것은 남자의 경우 스스로 용감하다는 것을 과시하기 위해서였어. 여자의 경우는 아이를 잘 낳고 살림도 잘하며 베 짜는 솜씨가 좋다는 것을 뽐내기 위해서였지.

고산족은 오랜 옛날부터 조상 대대로 문신을 했어. 이것은 한 번도 빼먹지 않은 고유의 전통 풍습이었지.

그런데 어느 날, 타이완 총독부에서는 고산족에게 '얼굴 문신 금지령'을 내렸어. 이를 어기면 총독부에 끌려가 경을 치기 때문에 얼굴 문신을 그만

두지 않을 수 없었어.

　고산족 사람들은 계곡으로 몰려가 조상신을 위해 제사를 지냈어.

　"용서해 주십시오. 이제부터는 얼굴 문신을 할 수 없게 되었습니다. 일본 사람들이 금지령을 내렸거든요."

　그들은 술을 바치고 새끼 돼지를 계곡 아래로 던지며 조상신에게 용서를 빌었단다. 그 뒤부터 모든 사람이 얼굴 문신을 하지 않았지.

　그런데 그로부터 5년 뒤에 고산족 마을에는 끔찍한 재앙이 닥쳤어. 유행성 감기가 온 마을에 퍼져 많은 사람들이 죽어 갔지.

"얼굴 문신을 그만두었더니 조상신이 노하셨구나. 우리가 벌을 받고 있는 거야."

살아남은 사람들은 벌벌 떨며 다시 얼굴에 문신을 새겨 넣었지. 문신 금지령보다 무서운 것이 조상신의 진노성을 내며 노여워함였으니까.

문신은 피부에 상처를 내고 물감을 넣어 그림이나 글씨, 무늬 등을 새기는 일이야. 문신은 이미 원시 시대부터 있었어.

1991년 10월에는, 알프스 산에서 사냥꾼으로 보이는 냉동 인간이 발견되었어. 그는 기원전 3300년쯤에 죽은 것으로 보였고 활·화살·부싯돌 등을 갖고 있었지. 그런데 특이한 점은 이 청동기 시대 사냥꾼의 몸에 문신이 새겨져 있었다는 거야. 십자가, 직선, 점 등의 무늬가 58개나 말이야. 그래서 문신의 역사가 얼마나 오래되었는지 확인할 수 있었지.

문신은 기원전 2000년쯤의 고대 이집트 미라에서도 발견되었어. 고대 그리스·로마 시대에는 노예나 범죄자의 도주를 막으려고 그들의 몸에 문신을 새겼지. 당시에는 문신을 수치스럽게 여겨, 의사들이 문신을 없애는 일로 큰돈을 벌었다는구나.

기독교가 로마의 종교가 되면서부터 문신 풍습은 유럽에서 사라졌어. 교황들이 문신 행위를 모두 금지시켰기 때문이지. 그러나 유럽을 제외한 세계의 여러 지역에서는 문신 풍습이 계속 전해 왔단다.

유럽에서 다시 문신이 유행하게 된 것은 해군과 선원 들을 통해서였어. 신대륙을 발견하고 그곳을 탐험하면서 문신을 한 아메리칸 인디언, 폴리네시아인, 일본인들과 접촉하게 되었거든. 그리하여 18, 19세기에는 문신

기술을 배운 사람들이 전 세계의 항구 도시마다 문신 가게를 차렸지.

그 뒤 유럽뿐 아니라 미국에서도 문신이 유행하여 빠른 속도로 퍼져 나갔단다. 미국의 남북 전쟁 때는 여러 명의 문신 전문가들이 전쟁터를 누비며 북부군과 남부군 병사들에게 애인 이름 문신을 새겨 주었다는구나.

### 옛날 사람들이 문신을 한 이유는?

일본 아이누족은 병에 걸리면 그 병을 가져오는 귀신을 쫓으려고 문신을 했단다. 그러면 병이 낫는다고 믿었지. 어느 해에는 전염병이 마을에 퍼지자 아이누족 여자들이 일제히 문신을 했단다.

옛날 사람들이 문신을 했던 것은, 병마를 쫓거나 피하는 주술적인 수단 말고도 여러 이유가 있었어. 첫째는 장식을 목적으로 문신을 했어. 일본의 아이누족 여자들은 남자들에게 아름답게 보이려고 문신을 하기도 했어. 특히 입술 주위에 두텁게 문신을 했단다.

둘째는 사람들의 지위·신분·소속을 나타내기 위해 문신을 했어. 뉴질랜드의 마오리족은 얼굴 전체를 문신으로 덮었는데, 지위가 높은 남자만이 그렇게 할 수 있었지. 또한 남태평양의 마르키즈 제도에서는 문신이 없는 사람은 마을에서 쫓아냈어.

셋째는 징벌이나 경멸의 표시, 또는 자신의 힘을 과시하려고 문신을 했어. 중국에는 '묵형'이라고 하여 죄인의 팔과 얼굴에 문신을 새기는 형벌이 있었단다.

## 야구
### 도둑맞은 야구 방망이를 되찾아 최고의 기록을 세우다

야구는 상대편이 던진 공을 배트로 치고 달려서 점수를 내는 경기이다.
우리나라에서 인기 있는 프로 야구는 미국의 메이저 리그와 우리나라의 KBO 리그가 있다.

러시아에서 스포츠를 연구하는 과학자들이 이런 연구를 했단다. 스포츠 분야에는 여러 운동 경기가 있지만 무엇이 가장 어려운가? 연구에서 얻은 결론은 야구 경기에서 안타를 치는 것이 가장 어렵다는 거였어.

그도 그럴 것이, 투수와 타자 사이의 거리가 18.44미터이고, 150킬로미터 전후의 속도로 날아오는 빠른 공을 0.25초 안에 받아쳐야 하거든. 게다가 야구 방망이로 맞힐 수 있는 공의 폭은 겨우 1.2센티미터이고, 물샐틈없는 수비수들의 방어벽을 뚫어야 안타가 기록되거든. 그래서 야구에서는 3할의 타율을 올리면 1급 타자라 하고, 4할의 타율을 올리면 '신의 경지'라고 입을 모아 말한단다.

미국의 프로 야구 메이저 리그에는 역사상 3대 기록으로, 1941년 전설적인 타자 조 디마지오가 기록한 '56경기 연속 안타', 무쇠 팔의 대명사인 투

수 사이 영의 '통산 511승', 그리고 타자 칼 립켄 주니어의 '2,632경기 연속 출장'을 꼽는단다.

조 디마지오는 세계적인 여배우 마릴린 먼로의 남편으로도 유명한데, 그가 56경기 연속 안타를 기록할 때는 이런 일이 있었어.

1941년 5월, 뉴욕 양키스 팀의 간판타자 조 디마지오는 기분이 좋지 않았어. 자신이 매우 사랑하고 소중히 여기던 야구 방망이를 잃어버렸던 거야. 누군가 그의 야구 방망이를 노리고 훔쳐 간 것이 틀림없었어. 뉴욕 양키스 팀에서는 그의 야구 방망이를 찾아 주려고 야구장에서 이런 내용의 장내 방송을 했단다.

"조 디마지오의 야구 방망이를 가져가신 분께 알려 드립니다. 야구 방망이를 돌려주신다면 모든 일을 불문에 부치고 새 야구 방망이 여섯 개를 선물하겠습니다."

그러자 조 디마지오의 야구 방망이를 가져간 사람은 바로 돌려주었고, 조 디마지오는 자신이 아끼던 야구 방망이를 찾을 수 있었지.

그렇게 새 힘을 얻은 조 디마지오는 5월 15일부터 연속 안타 행진을 시작했어. 이 행진은 7월 16일까지 이어져 56경기 연속 안타라는 최고의 기록을 세울 수 있었단다.

## 홈런왕 베이브 루스는 처음에 투수로 시작했다고?

 미국의 프로 야구에서 홈런왕으로 이름을 날린 베이브 루스는 처음에 투수로 선수 생활을 시작했어. 1914년 보스턴 레드삭스 팀에 입단한 그는 왼손잡이 투수로서 뛰어난 실력을 발휘했지. 1915년 아메리칸 리그에서 최우수 투수로 뽑힐 정도였어.

그가 던지는 공은 무척 빨랐어. 아무리 잘 치는 타자라도 그의 공은 쉽게 칠 수가 없었지.

하루는 같은 팀 선수끼리 편을 갈라 연습 경기를 하게 되었어. 상대 타자들은 몇 회가 지나도록 베이브 루스에게 안타 하나 빼앗지 못했어. 방망이를 대지 못할 만큼 공이 빨랐거든. 타자들은 약이 올라 베이브 루스에게 말했어.

"네 공은 어쩜 그리 빠르니? 도저히 칠 수가 없잖아. 네가 타자라도 이런 공은 도저히 못 칠걸."

그러자 베이브 루스는 자신이 쳐 보겠다며 타자가 되어 타석에 섰어. 그는 팀의 간판 투수가 던진 공을 가볍게 받아쳐서 홈런을 만들었어. 이후 베이브 루스는 타자로 나서게 되었고, 은퇴하기까지 714개의 홈런을 쳐서 홈런왕이 되었단다.

## 동물원 학살극
# 일제 말기에 동물원에 학살 명령이 내려졌다?

제2차 세계 대전 당시 독일, 프랑스 등 유럽에 있는 많은 동물원에서 동물들이 폭격을 당해 희생되었다. 이 시기 일본 우에노 동물원에서는 수많은 동물들을 학살하여 논란을 일으켰다.

1943년 7월, 일본의 수도인 도쿄의 초대 장관으로 임명된 오다치 시게오는 우에노 동물원을 둘러보고 있었어. 우에노 동물원은 1882년에 세워진 일본의 대표적인 동물원이야. 동물원에서는 코끼리, 사자, 곰 등의 우리 앞에 사람들이 잔뜩 모여 즐거운 표정으로 동물들을 관람하고 있었지.

그러나 오다치 시게오의 얼굴은 밝지 못했어. 오히려 그는 심각한 표정을 지으며 골똘히 생각에 잠겨 있었어.

'우리 일본은 지금 미국을 상대로 힘겨운 전쟁을 벌이고 있다. 하지만 일본 본토 시민들은 너무나 태평스러운 모습이다. 미국은 곧 이곳에 대규모 공습을 할 텐데.'

오다치 시게오는 도쿄의 장관으로 부임하기 전에 일본의 점령지인 싱가포르 시장을 지냈어. 전시 상황인 그곳에서는 하루하루 살얼음을 밟듯 불안한 나날을 보냈었지.

'미군의 공습으로 이 동물원이 폭격을 맞는다면 어떻게 될까? 맹수들이 우리에서 뛰쳐나와 동물원에서 도망쳐 시민들을 공격하겠지? 시민들은 공포에 떨 것이고……'

오다치 시게오는 생각만 해도 소름이 끼쳐 온몸을 부르르 떨었어.

'동물원 맹수들을 저대로 두면 안 되겠어. 위험한 일이 생기기 전에 미리 손을 쓰자.'

오다치 시게오는 마침내 이렇게 마음을 정하고, 우에노 동물원의 사자·코끼리·곰·구렁이 등 사람에게 위협을 줄 만한 동물들을 골라 죽이라는 명령을 내렸어.

동물원 사육사들은 이 명령을 받고 하늘이 무너지는 것 같았어. 오랫동안 같이 지내며 정이 깊이 든 동물들이었지. 그런데 그들을 죽여 없애라니 얼마나 놀라고 기가 막혔겠니? 그렇다고 상부의 명령을 거역할 수는 없었어. 사육사들은 눈물을 머금고 동물들을 하나하나 해치웠지.

1943년 8월 17일, 북만주산 큰곰과 말레이산 보통 곰을 한 마리씩 독약을 먹여 죽였어. 이 곰들은 일본군이 북만주와 말레이반도를 무력으로 빼앗고는 그 기념으로 우에노 동물원에 보내온 것들이었지.

다음 날에는 사자가 희생되었어. 이 사자는 에티오피아 황제가 일본 천황에게 보내온 선물이었지. 독약을 먹여도 죽지 않아 할 수 없이 창으로 찔러 죽였다는구나.

우에노 동물원에는 재주를 잘 부리는 귀염둥이 코끼리 세 마리가 있었어. 인도산 코끼리였지. 코끼리가 동물원에서 도망치면 시민들이 다칠 수 있다고 여겨 처분 대상이 되었어. 영리한 코끼리들은 독약 탄 먹이를 금방 알아차렸어. 아무리 배고파도 먹으려 하지 않았지.

　동물원 사람들은 코끼리를 어떻게 처리할까 고민하다가 굶겨 죽이기로 했어. 그래서 그날부터 먹이를 주지 않았지. 며칠이 지나자 코끼리들은 배고파 기운을 차릴 수가 없었어. 그래도 그들은 육중한 몸을 간신히 일으켜 두 발로 서는 재주를 보였어. 얼마 전까지만 해도 사람들 앞에서 재주를 부리면 감자, 과자 등 먹이를 던져 주었거든. 코끼리들은 그 일을 생각해서 먹이를 얻어먹으려고 시키지도 않은 곡예를 한 거야. 사육사들은 이 광경을 보고 코끼리들이 가여워 눈물을 뚝뚝 흘렸지.

우에노 동물원에서 희생된 동물들은 코끼리를 비롯하여 사자, 곰, 구렁이 등 모두 27마리였어. 그리고 도쿄의 무사시노시에 있는 이노카시라온시 공원 동물원에서도 일본산 반달곰 한 마리와 북극곰 한 마리가 처분되었지.

　동물원 동물들에 대한 잔혹한 학살극은 일본 전국으로 확대되었어. 1943년부터 1944년까지 교토시 기념 동물원, 나고야의 도오산 동물원, 오사카의 덴노지 동물원, 고베의 수와잔 동물원, 구마모토의 스이젠지 동물원, 센다이 시립 동물원 등에서 총 100여 마리의 동물들이 희생되었다고 해.

## 동물원은 언제부터 만들어졌을까?

　　　　동물원이 언제 처음 세워졌는지는 정확한 기록이 남아 있지 않아. 다만 기원전 1500년쯤에 이집트에 동물원이 만들어졌고, 기원전 1000년쯤에 중국의 문왕이 커다란 동물원을 지어 '영유'라고 이름 붙였다고 전해지고 있지.

　고대 그리스와 로마, 그리고 중세에는 왕족이나 귀족 들이 다른 나라에서 진기한 동물들을 실어 와 기르는 개인 동물원이 많이 있었어.

　오늘날과 같이 동물들을 우리 안에 가둬 놓고 사람들에게 관람하게 하는 대규모 동물원이 등장한 것은 1765년이야. 신성 로마 제국의 황제 프란츠 1세가 황후 마리아 테레지아를 위해 13년 전에 오스트리아 빈의 쇤브룬 궁전에 만들었는데, 그 뒤를 이은 요제프 2세가 일반인에게 처음 개방한 거야. 이 쇤브룬 동물원은 세계 최초의 근대적 동물원으로서 지금까지 남아 있단다.

　그 뒤 1775년에는 스페인의 마드리드 동물원, 1793년에는 프랑스의 파리 동물원 등이 잇달아 문을 열었어. 19세기 중반까지 세계 여러 곳에 많은 동물원이 만들어졌으며, 지금도 여러 동물원이 그대로 남아 동물들을 전시하고 있지.

## 뉘른베르크 전범 재판
## 나치 전범들은 대부분 무죄를 주장했다?

뉘른베르크 전범 재판은 제2차 세계 대전이 끝난 뒤 전쟁 범죄인, 특히 나치 독일의 지도자를 처벌한 재판을 말한다. 독일 뉘른베르크에서 재판이 열렸다.

1945년 5월 독일이 연합군에게 무조건 항복을 하자, 8월 8일 연합국들은 '국제 군사 재판의 설립에 관한 협정'을 맺어 독일 나치 전범(전쟁 범죄인)들에 대한 재판을 열기로 했어. 재판관은 미국·영국·프랑스·소련에서 각각 2명씩 임명한 사람들로 구성되었고, 재판장은 영국의 제프리 로렌스 경이 뽑혔어. 그리고 검찰관 70명 가운데 수석 검사는 네 나라마다 각 한 명씩 두었으며, 20명의 변호사는 모두 독일 사람들로 채워졌지.

11월 20일 독일의 뉘른베르크에서 처음 열린 재판에서 나치 독일을 이끌었던 아돌프 히틀러와 선전 장군 요제프 괴벨스, 그리고 나치 친위대장 하인리히 힘러는 얼굴을 보이지 않았어. 이들은 재판을 받기 전에 이미 스스로 목숨을 끊었어. 피고석에서 굳은 얼굴로 앉아 있는 사람은 히틀러 제국의 원수인 헤르만 빌헬름 괴링, 외무 장관 요아힘 폰 리벤트로프, 내무

장관 빌헬름 프리크, 건축가이자 군수 장관 알베르트 슈페어, 히틀러의 대변인을 지낸 루돌프 헤스, 육군 원수이자 참모 총장 빌헬름 카이텔, 해군 총사령관 카를 되니츠, 해군 참모 총장을 지낸 에리히 래더, 육군 대장이자 국방군 사령부 총책임자 알프레트 요들, 반유대주의 잡지 『슈트르머』의 발행인 율리우스 슈트라이허 등 21명이었어.

재판은 1945년 11월 20일부터 1946년 8월 31일까지 계속되었어. 재판부는 총 403회에 걸친 심리법원이 재판을 위해 증거나 방법 따위를 심사하는 일를 했지. 피고인들은 대부분 자신의 무죄를 주장했어.

"나는 그저 상부의 명령에 따랐을 뿐입니다. 나한테는 아무런 책임이 없습니다."

피고인들은 자신이 단순 가담자이고, 가장 큰 책임은 히틀러 총통에게 있다고 했어. 그들은 그저 총통의 명령에 따랐다는 거야.

"나는 군인으로서 조국에 대한 의무와 충성을 다했을 뿐입니다. 독일의 법과 직분을 그대로 지켰습니다."

군인들은 이렇게 주장하기도 했어. 그러나 재판부는 "이 세상에는 나라가 만든 법 외에 모든 인류가 지켜야 할 양심이라는 자연법이 있다. 법률이 죄악의 도구로 전락했을 때는, 사람은 양심에 따라 행동해야 한다. 상부 명령은 따를 필요가 없다."고 했어.

이번 재판에서 가장 큰 관심을 끈 것은 괴링에 대한 심문이었어. 괴링은 나치당 행동대와 게슈타포나치 독일의 비밀 국가 경찰를 만들었고, 강제 수용소 사업을 시작했지. 그는 첫 번째 강제 수용소를 만들어 힘러라는 인물에게 넘졌는데, 독일에서는 히틀러 다음으로 인기가 높았던 사람이야.

괴링은 재판을 받는 동안 유대인의 집단 학살에 대해 전혀 몰랐다고 하면서 자신의 혐의를 부인했어. 그러나 나치 안에서, 사로잡은 유대인을 모조리 죽여야 한다고 주장한 사람은 힘러가 아니라 괴링이었지.

1946년 10월 1일 모든 재판이 끝나고 최종 판결이 내려졌어. 괴링을 비롯하여 리벤트로프·카이텔·요들 등 12명은 사형, 헤스·발터 풍크·래더 등은 종신형, 나머지 사람들은 10년에서 20년에 이르는 형을 받았고, 무죄 선고도 3명이나 있었어. 이들은 법정에 한 명씩 들어가 자신의 판결만 들었지.

이들에게는 최후 진술의 기회도 주어졌어. 대부분의 피고인들은 이 자리에서조차 자신의 죄를 부인하는 데 급급했어. 괴링은 엄숙한 목소리로 이렇게 말했어.

"이 법정에서 다시 한 번 말씀드립니다. 나는 누구를 죽이라고 명령한 적이 한 번도 없습니다. 독일 국민들은 히틀러 총통을 믿었으며, 이번에 밝혀진 엄청난 범죄에 대해 아무것도 모르는 상태에서 충성을 다했습니다. 따라서 독일 국민들은 전혀 죄가 없습니다."

괴링은 유대인 집단 학살에 대해 자신은 아무 책임이 없다고 강조했어. 그러고는 사형 집행 전날 이런 내용의 메모를 남기고 감옥에서 독약을 삼켜 스스로 목숨을 끊었지.

'총살형이라면 상관없지만, 독일군 원수를 지낸 나를 교수형에 처하는 것은 받아들일 수 없다. 독일의 이름으로 나는 이것을 거부한다. 그리고

적의 징벌에 따라야 할 의무도 책임도 없다. 그러므로 나는 위대한 한니발 장군과 같은 방법으로 죽을 것을 결심했다.'

1946년 10월 16일 뉘른베르크에서 사형수들에 대한 사형이 집행되었어. 징역형 판결을 받은 사람들은 서베를린에 세워진 슈탄다우 교도소에서 복역을 했지.

재판이 끝나자 독일 국민들은 신문·방송을 통해 그 내용을 알게 되었어. 그들은 자신들이 얼마나 큰 죄악을 저질렀는지 깨닫고 깊은 반성을 했어.

그리하여 이 재판에서 3명이 무죄 선고를 받고 풀려났을 때는, 베를린 노동자 25만 명이 파업을 하며 항의 시위를 했다고 하는구나. 그 뒤 뉘른베르크에서는 12차례의 재판이 더 열렸어. 1946년부터 1949년까지 진행된 이 재판들은 미국인 판사들이 주재했으며, 나치당 관료·판사·사업가·의사 등 185명이 재판을 받았어. 36명이 사형, 23명이 종신형, 102명이 징역형, 38명이 무죄 선고를 받았지.

### 일본의 침략 전쟁에 대한 책임을 물었던 도쿄 전범 재판

도쿄 전범 재판은 1946년 5월 3일부터 1948년 11월 12일까지 1년 6개월 동안 일본 도쿄에 있는 육군성 회의실에서 열린 재판이야. 정식 명칭은 '극동 국제 군사 재판'으로, 도조 히데키·히로타 고키·히라누마 기이치로·고이소 구니아키 등의 전임 총리를 비롯하여 초고위 일본인 전쟁 지도자 18명이 1급 전범으로 기소되었어. 이 가운데 두 명은 재판 도중에 병으로 죽었으며, 또 한 명은 정신병을 앓아 기소가 중지되었어. 그래서 25명이 유죄 판결을 받았는데, 전임 총리 2명과 장군 5명은 사형, 16명은 무기 징역, 2명은 각각 20년·7년의 유기 징역에 처했어.

이 재판은 일본의 침략 전쟁에 대한 책임을 물었다는 점에서 그 의의가 높은 재판으로 평가되고 있어. 도쿄 전범 재판을 계기로 전쟁 범죄 처벌에 대해 사람들의 관심이 커졌고, 그 뒤 국제 형사 재판소가 세워졌단다.

## 인권 운동가 마틴 루터 킹
# 흑인 좌석 차별에 맞서 버스 안 타기 운동을 벌이다

미국 남부에서는 1965년까지 모든 공공 기관에서 백인과 흑인이 따로 사용하는
인종 분리 정책을 시행했고, 마틴 루터 킹은 이에 맞서 흑인의 평등한 권리를 위해 앞장섰다.

1955년 12월 1일, 미국 앨라배마주 몽고메리시에서는 이런 일이 있었어.

로자 파크스라는 흑인 아주머니가 버스를 탔어. 그런데 정류장 몇 개를 지난 뒤 백인 몇 사람이 버스에 올라타자, 백인 운전기사는 흑인 칸 맨 앞 자리에 앉아 있는 흑인들에게 소리쳤어.

"당신들, 그 자리에서 모두 일어나요."

하지만 로자는 그것을 거부하고 운전기사에게 항의했어. 백인을 위해 흑인이 자리를 비워 주라는 것이 어처구니없어서였지. 그러자 운전기사는 경찰을 불렀고, 로자는 경찰에 체포되어 감옥으로 끌려갔어. 시의 인종 분리법을 위반했다는 이유였어.

몽고메리시의 침례교회 목사 마틴 루터 킹은 이 소식을 듣고 흑인 지도자들을 한자리에 불러 놓고 말했어.

"흑인을 차별하는 버스는 타지 말아야 합니다. 이제부터 '버스 안 타기' 운동을 벌입시다. 모든 흑인들이 버스를 타지 않고 걸어 다니는 겁니다."

"좋습니다. 우리 모두 이 운동에 참여합시다."

버스 안 타기 운동은 일 년 넘게 계속되었어. 이렇게 되자 버스 회사는 문을 닫을 수밖에 없었지.

과격한 백인 폭력 단체들은 킹 목사를 협박했어.

"당신 자꾸 쓸데없는 짓 할 거야? 당장 그만두지 않으면 죽여 버리겠어!"

킹 목사는 눈 하나 깜짝하지 않았어. 그러자 백인들은 킹 목사 집 현관에 폭탄을 던졌어. 다행히 킹 목사는 외출 중이어서 화를 면할 수 있었단다.

버스 안 타기 운동은 흑인의 차별 대우를 없애는 데 이바지했어. 결국 미국 대법원은 버스에서의 인종 차별이 법에 어긋난다는 판결을 내렸지.

킹 목사는 전국 곳곳에서 인종 차별에 반대하는 내용의 강연을 했어. 그리고 1963년 8월 28일에는 노예 해방 100주년을 기념하는 '워싱턴 민권 대행진'을 하고, 군중 앞에서 역사에 길이 남을 연설을 했어.

"여러분, 나에게는 꿈이 있습니다. 황무지가 언젠가는 옥토로 변하리라는 꿈이 있습니다. 노예 주인의 후손들과 노예의 후손들이 형제처럼 마주 앉아 정답게 이야기하는 날이 오리라는 꿈이 있습니다."

이 연설의 제목은 '나에게는 꿈이 있습니다'야. 이 말은 인종 차별의 벽을 허무는 사랑의 호소로, 미국에 사는 모든 사람들을 감동시켰어.

흑인들의 인권을 찾는 일에 앞장선 킹 목사는 1968년 4월 4일, 한 백인이 쏜 총에 맞고 하느님의 품으로 돌아갔지. 그러나 킹 목사의 죽음은 헛되지 않았어. 그 뒤 미국에서는 흑인이 차별받지 않고 백인과 똑같은 대우를 받으며 살 수 있게 되었기 때문이야.

자유로워지리라, 자유로워지리라.
전능하신 하느님 고맙습니다.
마침내 저는 자유를 찾았습니다.

킹 목사의 묘지 비석에 새겨져 있는 글이야.

## 간디를 평생의 멘토로 삼은 마틴 루터 킹

마틴 루터 킹은 6세 때 인종 차별이 무엇인지 알게 되었어. 동네에 자기 또래의 백인 아이가 있었는데, 그 아이 엄마가 킹이 흑인이라는 이유로 같이 놀지 못하게 했던 거야. 당시에 미국 남부는 인종 차별이 심했어. 백인들은 흑인들을 차별하여 백인들이 가는 학교·식당·영화관 등에는 절대 들어가지 못하게 했어. 인종 분리법을 만들어 이를 어기면 벌금을 내게 하거나 감옥에 가두기까지 했지. 킹은 성장하면서 인종 차별로 부당한 대우를 받을 때마다 가슴속에 분노가 치밀었어.

그는 대학 시절 마하트마 간디의 사상을 접하고 깊은 감명을 받았지. 그것은 비폭력주의로, 폭력은 폭력을 부르기 때문에 인간이라면 폭력을 쓰지 말고 모든 문제를 평화적으로 해결해야 한다는 거야. 비폭력주의는 킹에게 큰 영향을 미쳐서 뒷날 이 사상에 바탕을 두고 흑인 인권 운동을 펼쳤고, 간디를 평생의 '멘토'로 삼았단다.

## 아프리카 대륙
# 유럽 열강이 제멋대로 국경선을 그은 아프리카

아프리카는 20세기에 유럽 열강의 식민 지배에서 독립했으나 제멋대로 만들어진 국경선 때문에 오랜 기간 내전을 치렀고 이로 인해 많은 사람들이 고통받았다.

　아프리카는 세계에서 아시아 대륙 다음으로 큰 대륙이야. 인구는 9억 명이고 54개 나라에 수천의 부족이 살고 있어. 사용하는 언어는 전 세계 언어의 30퍼센트에 이르는 2천여 개로 추정하고 있지.

　'아프리카'라는 말은 고대 로마 사람들이 지금의 튀니지 지역을 아프리카라고 부른 것에서 비롯되었다고 해. 튀니지 지역에는 페니키아의 후손이 세운 카르타고라는 나라가 있었어. 로마는 카르타고와 전쟁(포에니 전쟁)을 벌여 승리를 거두었어. 그때 카르타고를 로마의 속주로 삼고 로마의 장군 스키피오 아프리카누스의 이름을 따서 아프리카로 불렀다는 거야.

　아프리카는 최초의 인류가 태어난 곳이야. 1974년에는 330만 년 전에 살았던 여성 유인원의 화석인 '루시'가, 1992년에는 440만 년 전에 살았던 인류의 조상으로 추정되는 화석인 '아르디'가 에티오피아에서 발견되었거든. 인류학자들은 아프리카에서 가장 먼저 살았던 이 인류의 후손들이 현재의 인류로 발전되었다는 주장을 하고 있어.

아프리카는 사하라 사막을 기준으로 아랍 문화권에 속하는 북부 아프리카 지역과 사하라 사막 이남의 아프리카 지역으로 나뉘지.

사하라 사막 위쪽인 북부 아프리카 지역에는 모로코·이집트·알제리·튀니지·리비아 등의 나라가 있어. 이들 나라는 초원과 사막 지역으로 강수량이 적고 매우 건조하지. 대부분 이슬람교를 믿으며 아랍어를 사용하는 아랍인과 베르베르인이 살고 있어. 주로 유목 생활을 하며 오아시스 농업, 관개 농업<sub>작물이 잘 자라게 하기 위해 조직적으로 농지에 물을 대 주는 농업</sub>을 하지.

사하라 사막 이남의 아프리카는 진짜 아프리카라고 하여 '블랙 아프리카'라고 부른단다. 이곳은 니그로 인종인 흑인이 살고 있기 때문이야. 대부분 열대 기후이며 초원과 밀림이 있어 야생 동물의 천국이지. 수많은 부족들이 자신만의 언어와 관습과 종교를 지닌 채 살아가고 있어.

하지만 15세기 말부터 유럽 사람들이 블랙 아프리카에 들어오면서 비극이 시작되었어. 노예 무역으로 수많은 흑인들이 다른 나라로 팔려 갔지. 더욱이 18세기 이후에는 영국·프랑스·독일 등 유럽 열강이 아프리카를 '임자 없는 땅'이라며 서로 차지하려고 달려들었어. 아프리카 지도를 보면 나라들을 구분하는 국경선이 자를 대고 그은 듯 반듯하지. 그것은 유럽 열강들이 아프리카를 차지하려고 싸우다가 서로 나눠 갖자는 협정을 맺어 지도 위에 멋대로 선을 그었기 때문이란다.

이렇게 사하라 사막 이남의 아프리카 지역은 유럽 열강에 의해 식민 통치를 받았어. 그런데 20세기가 되어 독립을 한 뒤에는 멋대로 만든 국경선 때문에 여러 나라들이 내전을 벌여야 했어. 같은 부족이 두 나라로 나뉘거나, 전혀 다른 부족끼리 한 나라가 되기도 했으니 다툼이 일어날 수밖에 없었지.

그뿐만이 아니야. 사하라 사막 이남의 아프리카 지역은 사막화 현상으로 농경지나 목초지가 사막으로 변하고 있어. 사하라 사막과 열대 우림 사이를 '사헬'이라고 하는데, 머지않은 장래에 사헬 지대도 사막으로 변할 것이라고 해. 그러면 농사와 목축을 할 수 없게 되어 갈수록 식량과 물이 부족해지겠지. 더욱이 사하라 사막 이남 지역은 20~30년 사이에 인구가 두 배로 늘어났거든.

현재 아프리카에서는 가뭄으로 말미암아 전체 인구의 20퍼센트가 넘는 2억 명 이상이 굶주림에 시달리고 있어. 에티오피아에서는 50만 명 이상이 굶어 죽었고, 소말리아·수단·케냐·콩고·앙골라·나이지리아·르완다 등 아프리카 곳곳에서 굶어 죽을 위기에 처한 사람이 1천만 명이 넘는다고 해. 게다가 에이즈·말라리아 등의 질병과 계속되는 내란으로 수많은 사람들이 고통받고 있어.

　그러나 아프리카의 미래가 그리 어두운 것만은 아니야. 아프리카는 석유·금·다이아몬드·우라늄 등 지하자원이 풍부하지. 자본과 기술 축적으로 이들 자원을 개발한다면 앞으로 아프리카가 발전할 가능성은 매우 높단다.

## 아프리카 농민들이 먹지 않는 작물을 재배한다고?

아프리카는 유럽 열강에게 식민 지배를 받았는데, 유럽 열강의 식민 정책은 아프리카를 돈이 되는 수출용 작물 생산지로 만드는 것이었어. 그 결과 아프리카에서는 목화·땅콩·커피·코코아 등의 특용 작물이 많이 재배되었지.

식민지를 벗어나 독립한 오늘날에도 아프리카의 농업 상황은 크게 달라지지 않았어. 목화는 베냉·말리·부르키나파소, 땅콩은 세네갈 등에서 수출용 작물로 재배하는데, 선진국과 경쟁이 되지 않기 때문에 헐값에 수출할 수밖에 없단다. 땅콩이나 목화를 재배한 땅에서는 다른 작물이 자라기 어려워. 이렇게 아프리카 농민들은 먹지 못하는 작물을 재배해 수출하면서 빈곤의 늪에서 헤어나지 못하는 실정이지. 쌀과 밀, 콩, 옥수수 등도 재배하고 있지만 경작지가 적은 데다 가뭄 등으로 어려움을 겪을 때가 많단다.

## 작가 레이첼 카슨
# 전 세계에 무분별한 살충제 사용의 위험을 알리다

레이첼 카슨은 살충제, 특히 DDT의 위험성에 관심을 갖고 사용 금지 운동을 펼쳤다. 살충제를 무분별하게 사용할 경우, 해충뿐만 아니라 인간에게도 심각한 해를 끼칠 수 있다.

미국 존스 홉킨스 대학 대학원에서 해양 동물학을 전공한 레이첼 카슨은 어느 날, 좋은 일거리가 생겼어. 정부 기관인 수산 자원국의 엘머 히긴스 국장을 만났는데, 해양 동물에 대한 방송 원고를 써 달라는 것이었어.

"'물속의 로맨스'라는 제목으로 라디오 방송 프로그램을 만들려고 해요. 레이첼 양은 해양 동물학을 전공했고 글재주가 있으니, 방송 원고를 잘 쓸 수 있을 거예요."

원고 쓰는 일은 재미있었어. 레이첼은 멋진 방송 원고를 써서 좋은 반응을 얻었지. 그뿐만 아니라 수산 자원국의 정식 직원으로 뽑혀 공무원이 되었어. 레이첼은 어류와 해양 생태 분야에서 일하며 해양 동물과 바다에 관한 이야기를 썼지. 이렇게 해서 펴낸 책이 『바닷바람 아래서』(1941)와 『우리를 둘러싼 바다』(1951)야. 『우리를 둘러싼 바다』는 미국에서 100만 부 이상 팔려 베스트셀러가 되었어.

　레이첼 카슨은 이제 유명한 과학자가 되었어. 오랜 공무원 생활을 그만두고 해양 동물을 연구하며 지낼 수 있었지. 그녀는 해양 동물들의 생태를 4년 동안 관찰하고 연구하여, 1955년 『바다의 가장자리』라는 책을 썼어. 이 책은 나오자마자 베스트셀러가 되었지.

　1957년 가을, 레이첼 카슨은 올가 허킨스라는 친구로부터 한 통의 편지를 받았어.

> 레이첼, 내가 사는 매사추세츠주의 보스턴 근처에 조류 보호 구역이 있어. 지난 여름 주 정부에서는 모기를 없앤다고 이곳에 '디디티(DDT)'를 엄청나게 뿌렸지. 그랬더니 모기를 없애기는커녕 조류 보호 구역에 있는 새들과 곤충들을 모조리 죽여 버렸어. 물론 새들은 디디티를 먹은 벌레들을 먹고 죽은 거지.
>
> 　나는 이 사실을 알고 주 정부를 찾아가 따졌어. 그랬더니 주 정부에서 뭐라고 하는지 알아? 디디티는 아무 문제가 없고 사람에게도 안전하다는 거야.
>
> 　나는 다른 지역에도 이런 일이 있었는지 알아보았어. 뉴욕 롱아일랜드에서도 헬리콥터로 살충제를 뿌려 새와 물고기가 모조리 죽은 일이 있더군.
>
> 　디디티 같은 살충제를 뿌리는 일은 우리 자연환경을 파괴하고 모든 생명을 죽이는 짓이야. 레이첼이 나서서 이 일을 막아 줘.

　레이첼 카슨은 편지를 읽어 보고 이 일이 보통 심각한 일이 아님을 깨달았어. 그래서 살충제와 관련된 자료를 모으고 실태를 조사했어. 그 결과 얻은 결론은, 디디티 같은 살충제는 원자 폭탄만큼 무섭고 해롭다는 거야.

레이첼 카슨은 살충제의 위험을 알리는 책을 쓰기로 결심했어. 1958년부터 집필을 시작했는데, 작업은 쉽지 않았지. 관절염과 위장병이 그녀를 괴롭히더니, 1960년에는 암세포가 온몸에 퍼졌어. 그럼에도 불구하고 레이첼 카슨은 고통을 참아 가며 원고를 계속 썼어. 이렇게 해서 4년 만인 1962년에 완성한 책이 『침묵의 봄』이야. 이 책이 나오자 살충제 회사들은 레이첼 카슨을 맹렬히 공격했어.

"무슨 소리야? 살충제를 뿌려야 해충을 없애고, 해충을 없애야 농산물을 많이 거두어들이지. 카슨이 살충제에 반대하는 것은, 농업 생산량을 떨어뜨려 미국을 망하게 하려는 공산주의적 발상이야."

"카슨은 거짓말쟁이야. 살충제가 어째서 몸에 해롭다는 거야? 억지 부리지 말라고 해."

미국 농화학 협회에서는 레이첼 카슨의 주장이 터무니없다며 『침묵의 봄』을 반박하는 내용의 책을 만들어 마구 뿌렸어. 이 일에 무려 25만 달러를 썼지.

그러나 『침묵의 봄』은 정확한 자료를 근거로 하여 빈틈없이 쓰인 책이었어. 사람들은 이 책을 통해 살충제가 얼마나 해로운지 알았고, 환경 문제에 관심을 갖기 시작했어. 국회, 연방 정부에 살충제 사용을 금지하라는 탄원서를 보냈으며, 마침내 화학 물질로 만들어진 살충제 사용 금지법이 만들어지기에 이르렀지. 레이첼 카슨은 『침묵의 봄』으로 전 세계에 환경 오염의 위험을 일깨워 준 거야. 『뉴욕 타임스』는 이 책에 대해 이렇게 평했어.

"『침묵의 봄』은 『톰 아저씨의 오두막』에 견줄 만한 책이다. 『톰 아저씨의 오두막』이 노예 제도의 실상을 낱낱이 밝혀 주었다면, 이 책은 환경을 파괴하는 살충제의 위험을 너무도 생생하게 밝혀 주었다. 이 책을 읽은 독자라면 살충제나 제초제를 함부로 쓰지는 않을 것이다."

『침묵의 봄』은 세계적인 석학 100인이 선정한 '20세기를 움직인 책 10권'에 뽑혔어. 그러나 이 책은 레이첼 카슨에게 마지막 저서가 되었지. 암세포가 온몸에 퍼져 1964년 4월 14일, 조용히 숨을 거두었기 때문이야.

레이첼 카슨은 멸망의 위기에 빠진 지구를 구한 환경 보호 운동의 선구자로 일컬어지고 있어.

## 유해성 논란에 휩싸였던 살충제, 디디티

디디티는 해로운 곤충을 없애는 데 널리 쓰였던 살충제 가운데 하나야. '디클로로 디페닐 트리클로로에탄'의 머리글자를 따서 '디디티(DDT)'라고 불렸어. 회백색의 가루로 되어 있지.

디디티는 발진티푸스·말라리아 등의 전염병을 예방하는 데 큰 공을 세웠지만, 얼마 지나지 않아 유해성 논란에 휩싸였어. 해로운 곤충뿐 아니라 이로운 곤충과 새·물고기 등을 죽이며, 사람이 먹는 농작물을 오염시켜 인체에 심각한 부작용을 일으킨다는 거야. 반면 디디티에 대해 저항력을 가진 모기들은 늘어났지.

결국 많은 나라들이 디디티의 유해성을 인정하여 1970년대부터 디디티의 사용을 전면 금지했어. 우리나라에서도 현재 디디티의 제조·판매·사용을 금지하고 있단다.

### 테러
## 전 세계를 공포로 몰아넣은 9·11 테러 사건

국가와 단체 사이에 갈등이 늘어나면서 폭력적인 테러 사건도 증가하고 있다.
살인, 납치, 유괴, 저격, 약탈 등 다양한 테러는 사회적 공포를 불러일으킨다.

　세계 무역 센터는 미국 뉴욕에 있는 쌍둥이 건물이야. 높이 411미터, 110층인 뉴욕의 최고층 건물로, 남쪽 빌딩과 북쪽 빌딩이 나란히 서 있었지. 세계 무역 센터에는 국제 무역을 맡은 정부 기관과 450여 개의 기업들이 들어가 있었어. 직원들만 해도 5만여 명에 이르렀으며, 하루 평균 방문자 수가 8만여 명이나 되었단다. 이 건물은 1962년 유명한 건축가인 야마사키 미노루가 설계했지. 뉴욕을 대표하는 이 웅장한 건물이 테러 조직의 표적이 되어, 비행기 충돌로 하루아침에 무너져 사라지게 될 줄을 누가 알았겠니?

　2001년 9월 11일 뉴욕의 날씨는 맑고 화창했어. 아침 시간, 사람들은 일터를 향해 발걸음을 옮기며 맑은 초가을 날씨에 대해 이야기를 주고받았단다.

그런데 8시 46분 40초, 뉴욕 시내에서 경악을 금치 못할 일이 벌어졌어. 보스턴을 출발해 로스앤젤레스를 향해 가던 아메리칸 항공 소속 AA 11편 여객기가 세계 무역 센터 북쪽 빌딩 93층과 99층 사이에 시속 790킬로미터 속도로 충돌한 거야.

빌딩은 순식간에 불길에 휩싸였어. 여객기는 멀리 서부 해안을 향해 가기 때문에 기름을 가득 싣고 있었거든.

그뿐만이 아니었어. 10여 분이 지난 9시 3분 11초에는 보스턴을 출발해 로스앤젤레스를 향해 가던 유나이티드 항공 소속 UA 175편 여객기가 세계 무역 센터 남쪽 빌딩 77층과 85층 사이에 시속 950킬로미터 속도로 충돌했단다.

사고는 그것으로 끝나지 않았어. 9시 37분 46초에 워싱턴에서 로스앤젤레스로 향하는 아메리칸 항공 소속 AA 77편 여객기가 워싱턴에 있는 미 국방부 건물(펜타곤)에 시속 853킬로미터의 속도로 충돌했어. 그리고 10시 3분 11초에 뉴저지주에서 샌프란시스코로 향하는 유나이티드 항공 소속 UA 93편 여객기가 시속 926킬로미터의 속도로 펜실베이니아주 피츠버그 동남쪽 130킬로미터 지점에 추락했지.

얼마 안 되는 시간에 미국 본토에서 어떻게 미국 여객기 4대가 건물에 충돌하거나 추락하는 사고가 일어났을까? 그것은 테러 조직인 알카에다가 미국 본토를 겨냥하여 계획적으로 저지른 사건이었어. 바로 전 세계를 경악시킨 9·11 테러 사건이야.

알카에다는 사우디아라비아 출신의 사업가인 오사마 빈 라덴이 이끄는 테러 조직이었어. 빈 라덴은 이슬람의 세계 정복을 꿈꾸며 1990년대에 이 조직을 만들었어. 그러고는 테러리스트들을 동원하여 곳곳에서 자살 폭탄 테러를 일으켰지.

미국은 오래 전부터 이슬람 세력의 적인 이스라엘에 자금·군사 장비·훈련 등의 지원을 해 왔기 때문에 이슬람권의 테러 조직들은 미국을 '공공의 적'으로 여겼어. 그래서 수차례 미국에 대한 공격을 계획했지. 그 일에 적극적으로 나선 것은 알카에다였어. 이 테러 조직은 여객기를 납치해 뉴욕의 세계 무역 센터, 워싱턴의 국방부 건물, 국회 의사당, 백악관 건물 등을 테러 공격하기로 했어. 그리하여 테러에 나설 청년들을 미리 미국에 보내 취업 비자로 비행사 훈련을 받게 하는 등, 여러 달 전부터 테러를 준비했지.

9월 11일 아침, 알카에다의 테러리스트들은 4개조로 나뉘어 4~5명씩 4대의 여객기에 탑승했어. 그리고 여객기를 공중 납치하여 세계 무역 센터, 미 국방부 건물 등에 동시 다발적으로 공격을 했지. 유나이티드 항공 소속 UA 93편 여객기를 납치한 테러리스트들은 본래 미국 백악관이나 국회 의사당을 공격할 계획이었어. 하지만 여객기 안에서 승객들과 격투가 벌어져 펜실베이니아주 피츠버그에 추락하고 말았지.

가장 큰 희생자들은 테러리스트들의 자살 공격으로 목숨을 잃은 무고한 미국 시민들이었어. 세계 무역 센터에서 2,749명, 미 국방부 건물에서 125명, 4대의 비행기에서 256명이 죽었지. 9·11 테러 사건은 미국 역사상 최악의 참사라 할 수 있단다. 테러 사건으로 희생된 사람이 3,130명으로, 태

평양 전쟁의 진주만 공습 때 목숨을 잃은 2,330명보다 훨씬 많았거든. 게다가 미국 역사상 처음으로 본토 공격을 당했으니 미국인들에게는 큰 충격이었어.

## 미국 대통령이 테러와의 전쟁을 선포하다

2001년 9월 20일 미국의 조지 부시 대통령은 '테러와의 전쟁'을 선포했어.

그는 9·11 테러 사건의 주모자가 알카에다의 빈 라덴으로 드러나자, 빈 라덴이 숨어 지낸다는 아프가니스탄을 공격했지. 그러나 빈 라덴을 사로잡고 알카에다를 뿌리 뽑는 데는 실패했어.

그 뒤 미국은 빈 라덴을 끈질기게 추적해, 2011년 파키스탄에서 그를 사살하는 데 성공했어. 하지만 알카에다의 시리아 지부에 속해 있던 '이라크 레반트 이슬람 국가(IS)'가 알카에다보다 더 잔혹한 테러 조직으로 성장하면서 테러와의 전쟁은 오늘날에도 계속되고 있단다.